D1725112

ZEITGESCHICHTE

zeitgeschichte
50. Jg., Heft 4 (2023)

Transformationen des Rechtsextremismus in Österreich

Herausgegeben von
Margit Reiter und Johannes Dafinger

V&R unipress

Vienna University Press

Inhalt

Margit Reiter / Johannes Dafinger

Editorial

Der Rechtsextremismus in Österreich zeigt sich seit 1945 in unterschiedlichen
Erscheinungsformen. Die NS-Ideologie lebte trotz des „Verbotsgesetzes" nach
dem Ende des Zweiten Weltkrieges in rechtsextremen Kreisen fort. Die sich zu
Beginn der 1950er Jahre reorganisierenden deutschnationalen Burschenschaften, Veteranenvereine und diversen rechtsextremen Zirkel orientierten sich noch
über Jahrzehnte hinweg an Ideologemen des Nationalsozialismus – und tun es
noch heute. Mehr oder weniger offene positive Bezugnahmen auf den Nationalsozialismus – wobei der Holocaust vielfach geleugnet wurde –, sowie Deutschnationalismus, Antisemitismus, Antikommunismus und Antiamerikanismus,
waren zentrale Elemente des österreichischen Rechtsextremismus. Rechtsextreme Aktivitäten nach 1945 wurden mit der zeitgenössischen Begrifflichkeit des
„*Neo*nazismus" erfasst, und dies, obwohl sich dessen Trägerschaft überwiegend
aus „Altnazis" zusammensetzte und auch jüngere Akteure wie Norbert Burger
(NDP) oder der Holocaustleugner Gerd Honsik der „alten" Ideologie verhaftet
blieben. Die *partei*politische Formierung der „Ehemaligen" erfolgte ebenfalls
Mitte der 1950er Jahre in der von gesinnungstreuen Nationalsozialisten gegründeten FPÖ, die seitdem durchgehend im Parlament vertreten und somit
fester Bestandteil der Innenpolitik der Zweiten Republik ist. Die FPÖ stand über
Jahrzehnte hinweg unter kritischer Beobachtung und auch im Fokus der österreichischen Rechtsextremismusforschung. Die ideologische und personelle Nähe
und enge Verflechtung zwischen der parlamentarischen (FPÖ) und der außerparlamentarischen extremen Rechten war in Österreich besonders ausgeprägt.
Ab Mitte der 1980er Jahre rückte die FPÖ unter Jörg Haider bisher gültige
ideologische Kernpunkte, Inhalte und Feindbilder in den Hintergrund bzw.
passte sie an neue politische Gegebenheiten an (z. B. Deutschnationalismus/
Österreich-Patriotismus, Ausländer/Muslime, Anti-EU). Die FPÖ wurde daher
als Vorreiterin eines neuen Politikstils gesehen, der sich später in ganz Europa
durchsetzen sollte und häufig mit dem Begriff „Rechtspopulismus" beschrieben
wurde.

Während in den Sozialwissenschaften kontinuierlich über aktuelle Entwicklungen des Rechtsextremismus/Rechtspopulismus geforscht wurde und wird, gibt es bei der zeithistorischen Rechtsextremismusforschung deutliche Defizite. Zu vielen AkteurInnen und Netzwerken, Diskursen und Praktiken der extremen Rechten in Österreich liegen keine auf breiter Quellengrundlage aufbauenden Studien aus historischer Perspektive vor. Das Dokumentationsarchiv des österreichischen Widerstandes (DÖW) hat jedoch seit Ende der 1970er Jahre bei der Dokumentation und Analyse rechtsextremer Organisationen, AkteurInnen und Aktivitäten wertvolle (Vor-)Arbeit geleistet. Besonders das (mehrfach aufgelegte) „Handbuch des österreichischen Rechtsextremismus" und die darin enthaltenen historischen Beiträge sowie die Rechtsextremismus-Definition von Willibald Holzer dienen nach wie vor als zentrale Referenzpunkte der wissenschaftlichen Auseinandersetzung mit dem Phänomen des Rechtsextremismus.

Die Vernachlässigung des Forschungsfeldes durch die universitäre Zeitgeschichte ist keine österreichische Besonderheit, sondern ähnelt der Situation in Deutschland. Seit einigen Jahren, nicht zuletzt unter dem Eindruck der NSU-Morde, dem Erstarken der außerparlamentarischen extremen Rechten (u. a. Pegida) und dem Einzug der AfD in den Bundestag und die Landesparlamente, gibt es in Deutschland vielversprechende Ansätze zur historischen Aufarbeitung des (bundes)deutschen Rechtsextremismus. Exemplarisch dafür stehen Debatten auf dem Deutschen Historikertag 2018 in Münster, zahlreiche Forschungsprojekte an universitären und außeruniversitären Instituten sowie die Vernetzung im Zeithistorischen Arbeitskreis Extreme Rechte (ZAER), dessen Jahrestagung 2023 an der Universität Salzburg stattgefunden hat.

Ausgehend von der Überzeugung, dass gerade das Fach Zeitgeschichte mit dem Blick für längere Zeiträume einerseits ideologische Kontinuitäten, Konjunkturen und langfristig wirksame Strukturen, andererseits aber auch Veränderungen und Transformationen des österreichischen Rechtsextremismus seit 1945 aufzeigen könnte, beschäftigt sich das vorliegende Heft mit dem Phänomen des Rechtsextremismus aus einer zeithistorischen Perspektive. Die Beiträge zeigen am Beispiel Österreich alte und neue Erscheinungsformen von Rechtsextremismus in unterschiedlichen Zeitphasen und Bereichen auf, verweisen aber auch auf dessen transnationale Dimension. Neben dem „klassischen" Rechtsextremismus nach 1945, seinen (vergeblichen) Anpassungsversuchen und der transnationalen Vernetzung der extremen Rechten in Europa werden Transformationsprozesse im Bereich rechtsextremer Medien und deren veränderte Funktionen im öffentlichen Diskurs beleuchtet. Außerdem werden aktuellere Entwicklungen in den Blick genommen und begriffliche Zuschreibungen wie „Rechtspopulismus" kritisch reflektiert. Das Schwerpunktheft soll somit zeitgeschichtliche Impulse für die Rechtsextremismus-Forschung in Österreich geben.

Margit Reiter befasst sich in ihrem Beitrag mit dem Nationalsozialisten Theodor Soucek, der 1948 wegen seiner Involvierung in eine „Naziverschwörung" zum Tode verurteilt, bald jedoch begnadigt wurde. Im Beitrag wird der politische Werdegang von Soucek nach 1945 näher beleuchtet, wobei der Fokus vor allem auf den weniger bekannten Facetten seiner politischen Aktivitäten liegt, wie z. B. seinem Versuch, bei der 1956 gegründeten FPÖ politisch anzudocken. Auch wenn diese angestrebte Kooperation letztendlich scheiterte, wird damit exemplarisch die personelle und ideologische Nähe der FPÖ zum extrem rechten Rand sichtbar. Soucek verlagerte seine Aktivitäten später in zweierlei Hinsicht auf die europäische Ebene: Zum einen propagierte er ein rechtes Europa-Konzept und gründete eine Europa-Partei (SORBE), zum anderen war er – wie Reiter am Beispiel des Europa-Kongresses 1957 in Salzburg aufzeigt – bei der transnationalen Vernetzung der extremen Rechten in Europa aktiv. Alles in allem wird deutlich, dass im Fall Soucek trotz (zaghafter) Anpassungsversuche die Kontinuitäten klar überwiegen und er somit als Vertreter des „traditionellen" postnationalsozialistischen Rechtsextremismus eingestuft werden kann.

Eine ebenfalls transnationale Perspektive nimmt der Beitrag von Darius Muschiol ein, der die Aus- bzw. Rückwirkungen des Südtirol-Konfliktes auf den österreichischen und bundesdeutschen Rechtsextremismus/Rechtsterrorismus untersucht. Nach einem Überblick über rechtsterroristische Anschläge in Südtirol, an denen Deutsche und Österreicher, wie etwa Norbert Burger, maßgeblich beteiligt waren, arbeitet Muschiol anhand neuen und umfangreichen Quellenmaterials heraus, wie bundesdeutsche rechtsterroristische Gruppen direkt durch den Südtirol-Terrorismus inspiriert wurden und vom in Südtirol gewonnenen „Gewaltwissen" einzelner beteiligter Akteure profitierten. Darüber hinaus analysiert der Autor Tendenzen zur Verharmlosung und (teilweise sogar) Akzeptanz des Südtirol-Terrorismus im rechtskonservativen Milieu und diskutiert den mangelnden Willen von Behörden, Justiz und Politik, rechtsterroristische Aktivitäten in Südtirol aufzuklären und zu bestrafen.

Bernhard Weidinger beschäftigt sich in seinem Beitrag mit der Entwicklung der rechtsextremen Publizistik in Österreich von 1945 bis zur Gegenwart. Er befasst sich mit den relevanten rechtsextremen Periodika in Österreich und untersucht Kontinuitäten und Transformationen in Bezug auf deren Inhalt, Form und Funktion. Im ersten Teil werden „traditionelle" rechtsextreme Parteimedien, Medien deutschnationaler Vereine und überparteilicher Massenorganisationen, (neo-)nationalsozialistische Medien und sonstige Periodika vorgestellt. Im zweiten Teil wird mit Blick auf die letzten zwei Jahrzehnte aufgezeigt, wie sich seither die rechtsextreme Medienlandschaft entwickelt bzw. verändert hat. Es wird deutlich, dass sich diese Entwicklung mit den gesellschaftlichen Transformationen und Veränderungen des österreichischen Rechtsextremismus selbst verknüpft. Besonderes Augenmerk legt Weidinger dabei auf die vielfältigen Auswirkungen der Digitalisierung auf die rechtsextreme Publizistik in Bezug auf ihre Inhalte, Funktion und Rezeption.

Der Beitrag von Constanze Jeitler bewegt sich auf der Metaebene und setzt sich aus einer begriffsgeschichtlichen Perspektive mit dem wissenschaftlichen Umgang mit den Phänomenen Rechtsextremismus und Rechtspopulismus in Österreich auseinander. Ausgangspunkt ist der seit Mitte der 1980er Jahre von der FPÖ vollzogene Strategiewechsel, der der FPÖ einen kometenhaften Aufstieg an den Wahlurnen brachte. Dieser Erfolg wurde von einer Vielzahl von journalistischen und wissenschaftlichen Veröffentlichungen begleitet und mit dem seither inflationär gebrauchten Etikett des „Rechtspopulismus" erfasst. Wie aufgezeigt wird, hat die FPÖ den Begriff „populistisch" bald übernommen und positiv umgedeutet, um früheren Extremismusvorwürfen zu entgehen. Der Beitrag untersucht, wann und wie sich österreichische SozialwissenschaftlerInnen und HistorikerInnen in den letzten Jahrzehnten mit dem Phänomen Rechtsextremismus auseinandergesetzt haben und welche unterschiedlichen Terminologien, Konzepte und Methoden sie dabei verwendeten. Daran anknüpfend plädiert die Autorin für eine gegenseitige disziplinäre Befruchtung der sozialwissenschaftlichen und zeithistorischen Rechtsextremismusforschung.

Artikel

Margit Reiter

Vom Altnazi zum Europäer? Theodor Soucek und seine Rolle im österreichischen und europäischen Rechtsextremismus

I.   Einleitung

Nach dem Kriegsende 1945 waren ehemalige NationalsozialistInnen zunächst aus dem politischen Prozess ausgeschlossen. Das Verbotsgesetz vom 8. Mai 1945 sah die sofortige Auflösung der NSDAP, die Aufhebung aller NS-Gesetze, die Entfernung der politischen NS-Eliten aus wichtigen Positionen in Staat und Wirtschaft sowie das Verbot künftiger NS-Propaganda und NS-Aktivitäten vor. Ehemaligen NSDAP-Mitgliedern wurde das aktive und passive Wahlrecht entzogen und sie durften an den ersten Nationalratswahlen im November 1945 nicht teilnehmen. Nach der sukzessiven Abschwächung der Entnazifizierung durch das NS-Gesetz von 1947 und den damit einhergehenden Amnestien integrierte sich ein Teil der ehemaligen NationalsozialistInnen in die Großparteien ÖVP und SPÖ. Die meisten der nach wie vor gesinnungstreuen „Ehemaligen" grenzten sich jedoch von diesen „Opportunisten" ab und fanden 1949 im Verband der Unabhängigen (VdU) und ab 1956 vor allem in der FPÖ ihre neue politische Heimat. Zudem hatten sich seit Anfang der 1950er Jahre verschiedene extrem rechte Vereine und AkteurInnen reorganisiert und es kam vermehrt zu „neonazistischen Umtrieben" – wie es in der zeitgenössischen Diktion hieß. Für diesen frühen Rechtsextremismus bildete der Nationalsozialismus den zentralen Referenzrahmen und vielfach war daher der Straftatbestand der „NS-Wiederbetätigung" nach dem NS-Verbotsgesetz erfüllt. Die Grenzen zwischen der parteipolitisch gebundenen Rechten und dem außerparlamentarischen Rechtsextremismus waren aufgrund personeller und ideologischer Überschneidungen allerdings fließend.

Der Beitrag beleuchtet das Phänomen des (traditionellen) Rechtsextremismus nach 1945 in Österreich am Fallbeispiel des österreichischen Nationalsozialisten und Rechtsextremisten Theodor Soucek. Bekanntheit erlangte Soucek vor allem durch seine Beteiligung an illegalen NS-Untergrundaktivitäten in der Nachkriegszeit. Im darauffolgenden „Naziverschwörer"-Prozess 1948 wurden er und einige Gesinnungsgenossen zum Tode verurteilt, bald aber begnadigt. Während dieses Nachkriegskapitel in der österreichischen Zeitgeschichte bekannt und gut aufgearbeitet ist[1], ist der weitere Verlauf des politischen Werdegangs von Soucek bislang kaum erforscht und soll daher im Zentrum des vorliegenden Beitrags stehen.

Im Folgenden werden die verschiedenen politischen Aktivitäten Souceks nach 1945 anhand existierender Sekundärliteratur und verstreuter Quellen (Ego-Dokumente, autobiografische Schriften und Publikationen von Soucek, Korrespondenzen, zeitgenössische Medien, Archivquellen usw.) erstmals zusammenführend dargestellt und in den politischen Nachkriegskontext eingeordnet. Seine illegalen NS-Untergrundaktivitäten und der „Naziverschwörer"-Prozess zeigen, dass Soucek nach 1945 der NS-Ideologie verhaftet blieb und auch in diesem Sinne politisch tätig war. Wenig bekannt ist die Tatsache, dass Soucek neben seinen eindeutig „neonazistischen" Aktivitäten auch innenpolitische Ambitionen hatte und die Nähe zur FPÖ suchte. Diese Annäherungsversuche werden im Folgenden anhand von FPÖ-internen Korrespondenzen nachgezeichnet und dabei vor allem die Haltung der FPÖ dazu herausgearbeitet. Diese letztendlich gescheiterte Episode zeigt exemplarisch bestehende Schnittstellen zwischen der im Parlament vertretenen FPÖ und gesinnungstreuen NationalsozialistInnen am äußersten rechten Rand.

Die politischen Aktivitäten Souceks gingen über Österreich hinaus und verweisen auf die europäische Dimension des Rechtsextremismus. Zum einen befasste sich Soucek inhaltlich mit rechten Europaideen und gab die Zeitschrift *Europaruf* sowie ein Europa-Buch heraus, die im Beitrag näher vorgestellt werden. 1957 gründete er mit der Sozialorganischen Ordnungsbewegung Europas (SORBE) eine eigene (wenn auch nicht sehr erfolgreiche) Partei. Zum anderen bemühte sich Soucek in organisatorischer Hinsicht um eine europäische Vernetzung von (Neo-)Faschisten und Rechtsextremisten, wie exemplarisch anhand eines von ihm organisierten Europa-Kongresses 1957 in Salzburg beleuchtet wird. Seine späteren Aktivitäten in Spanien zeigen ebenfalls, dass er bis an sein Lebensende Teil der transnationalen Vernetzung der extremen Rechten in Europa war.

Der zusammenführende Überblick über die politischen Aktivitäten Souceks in verschiedenen Kontexten und zu verschiedenen Zeiten soll sowohl ideologische Kontinuitäten als auch ansatzweise vorhandene Transformationsversuche nationalsozialistischer Ideologie aufzeigen. Durch die transnationalen Aktivitäten und Verflechtungen Souceks in der extremen Rechten Europas geht der Beitrag über Österreich hinaus und kann somit in die Geschichte des österreichischen und europäischen Rechtsextremismus eingeordnet werden.

---

1 Martin F. Polaschek, Im Namen der Republik Österreich! Die Volksgerichte in der Steiermark 1945 bis 1955, Graz 1998, 205–222.

II.   NS-Untergrund und NS-Fluchthilfe

Unmittelbar nach Kriegsende bestand die Sorge, dass es zu gewaltbereiten „Werwolf"-Aktivitäten von fanatischen NationalsozialistInnen, die sich mit dem Ende des NS-Regimes nicht abfinden wollten, kommen könnte. Doch diese Befürchtung war zunächst unbegründet, denn einige der NS-Führer hatten sich der Verantwortung durch Suizid oder eine Flucht ins Ausland entzogen, andere wurden von den Alliierten verhaftet, saßen in alliierten Internierungslagern und waren demzufolge fürs Erste „außer Gefecht" gesetzt. Ungeachtet dessen standen die ehemaligen AnhängerInnen des Nationalsozialismus unter Beobachtung der Besatzungsmächte und der österreichischen Sicherheitsbehörden, die in ihren Berichten eine eigene Rubrik „Nationalsozialisten" führten.[2] In den Sicherheitsberichten wurde meist nur vermerkt, dass sich die ehemaligen NationalsozialistInnen „abwartend und ruhig verhalten" würden und – abgesehen von einigen kleineren Zwischenfällen – „keine besonderen Vorkommnisse" zu verzeichnen seien.[3] Sogenannte „Werwolf"-Aktivitäten von untergetauchten Nationalsozialisten[4] schloss man trotzdem nicht gänzlich aus.[5] Tatsächlich kam es in den Jahren 1946 bis 1948 in einigen Bundesländern, unter anderem in Oberösterreich und Salzburg, zu mehreren Versuchen, illegale NS-Untergrundbewegungen aufzubauen, was allerdings durch Verhaftungen verhindert werden konnte.[6] Nach Einschätzung der Behörden handelte es sich dabei aber nur um „einige wenige Fanatiker", die mit der breiten Masse der ehemaligen NationalsozialistInnen keinerlei Verbindungen hätten.[7]

Die bekannteste nationalsozialistische Untergrundbewegung in den ersten Nachkriegsjahren war die sogenannte „Rößner-Soucek-Verschwörung" in Oberösterreich und der Steiermark, die von den Behörden als reale politische Gefahr

---

2 Vgl. exemplarisch Lageberichte 1946–1955. Salzburger Landesarchiv (SLA), Sicherheitsdirektion Salzburg; Reinhard Kriechbaumer, Neues aus dem Westen. Aus den streng vertraulichen Berichten der Sicherheitsdirektion und der Bundespolizeidirektion Salzburg an das Innenministerium 1945–1955, Wien/Köln/Weimar 2016.

3 Lagebericht der Sicherheitsdirektion für den Monat November 1946, 6. SLA, Sicherheitsdirektion Salzburg, Lageberichte 1946/47.

4 In den NS-Untergrund gingen ausschließlich Männer, es ist aber anzunehmen, dass diese teilweise auch von (ihren) Frauen unterstützt wurden.

5 Lagebericht der Sicherheitsdirektion für den Monat April 1947, 3. SLA, Sicherheitsdirektion Salzburg, Lageberichte 1946/47.

6 Lagebericht für den Monat November 1946, 6; Monatsbericht der Bundespolizeidirektion Salzburg für den Monat Juli 1947, 2; Monatsbericht der Bundespolizeidirektion Salzburg für den Monat Dezember 1947, 3. SLA, Sicherheitsdirektion Salzburg, Lageberichte 1946/47.

7 Monatsbericht der Bundespolizeidirektion Salzburg für den Monat Jänner 1948, 4–5; Lagebericht der Sicherheitsdirektion für das Bundesland Salzburg für den Monat Februar 1948, 5–6. SLA, Sicherheitsdirektion Salzburg, Lageberichte 1948.

angesehen wurde.[8] Hugo Rößner, ein ehemaliger Wiener Gauschulungsleiter und
SA-Obersturmbannführer, hatte Ende 1946 mit Gesinnungsgenossen auf einer
Schutzhütte in den oberösterreichischen Bergen eine NS-Untergrundorganisation gegründet, die nach dem Vorbild der SS als eine Art „Orden" agieren wollte.
Es handelte sich dabei um einen Schleichhändlerring, der zum Großteil aus
ehemaligen Nationalsozialisten bestand und sowohl in kriminelle als auch nationalsozialistische Machenschaften verwickelt war. Neben dem Schmuggel von
Saccharin aus der Schweiz (das u. a. Kriegsinvalide in ihren Prothesen beför-
derten) verfolgte die Gruppe auch eine politische Agenda, indem aus dem fi-
nanziellen Erlös ihrer illegalen Tätigkeiten Waffen angekauft und ehemalige
NationalsozialistInnen unterstützt wurden. Das primäre politische Ziel der
verschworenen Nazigruppe war, im Falle eines möglichen Krieges (den sie in
naher Zukunft erwarteten) aktiv gegen den Kommunismus zu kämpfen. Wie
Thomas Riegler auf Basis staatspolizeilicher Akten aufzeigt, arbeitete die Gruppe
um Rößner auch mit dem amerikanischen Geheimdienst CIC zusammen, der im
Kalten Krieg im Kampf gegen den Kommunismus selbst mit SS-Leuten koope-
rierte.[9]

Die Rößner-Gruppe stand im engen Kontakt mit Theodor Soucek, der als
führender Kopf der NS-Fluchthilfe in der Steiermark galt. Wie Rößner hatte auch
Soucek eine NS-Biografie aufzuweisen, wenn auch über seine Funktionen und
Aktivitäten im NS-Regime bislang wenig bekannt ist: Soucek (Jg. 1919) trat 1934
der HJ und 1936 der NSDAP bei, 1938 erfolgte sein Beitritt zur SA und im Laufe
des Krieges wurde er in die Waffen-SS eingegliedert.[10] Als Oberleutnant der
Gebirgsjäger kämpfte er an der Ostfront, wobei er unter anderem Narvik, Mur-
mansk und Gebiete in der Ukraine als Einsatzorte nennt.[11] 1942 suchte er bei der
Reichsschrifttumskammer um einen „Arbeitsurlaub" an, den er für eine Publikation nutzen wollte, was ihm aber nicht gewährt wurde.[12] Anfang Mai 1945
wurde er auf dem Weg in die „Alpenfestung" im Ennstal von den Amerikanern
vorübergehend verhaftet und wieder frei gelassen, nach einer neuerlichen Festnahme im Juni 1945 und einer kurzen Internierung gelang ihm aber die Flucht.
Anschließend hielt er sich in seiner Heimatstadt Graz auf und baute in der

---

8 Thomas Riegler, Die „Rössner-Soucek-Verschwörung". NS-Untergrundbewegungen, Ge-
   heimdienste und Parteien im Nachkriegsösterreich, in: Journal for Intelligence, Propaganda
   and Security Studies (JIPSS) 9 (2015) 1, 44–75, 49–64.
9 Ebd.
10 Über seine Funktionen und Aktivitäten im NS-Regime konnten aufgrund der dürftigen
   Quellen- und Archivlage (auch im Bundesarchiv Berlin) bisher nur wenig gesicherte Infor-
   mationen recherchiert werden. Die Angaben sind der Sekundärliteratur (Polaschek, Riegler)
   sowie den Selbstangaben Souceks (die mit Vorsicht zu verwenden sind) entnommen.
11 Theodor Soucek, Mein Richter, mein Henker, Malmö 2001, 33.
12 Personenbezogene Unterlagen der Reichskulturkammer, Korrespondenz Theodor Soucek.
   BArch Berlin (ehem. BDC), R 9361-V/10529.

Steiermark ein Netzwerk auf, das mit teils illegalen Aktionen ehemalige NationalsozialistInnen unterstützte und ihn auch mit Hugo Rößner in Kontakt brachte.

Souceks Hauptbetätigungsfeld in der Steiermark war die Fluchthilfe für gesuchte bzw. bereits internierte NS-Täter und Kriegsverbrecher. Zu diesem Zweck arbeitete er mit der ÖVP-nahen steirischen Heimkehrer-Hilfs- und Betreuungsstelle (HBB) zusammen, geleitet vom Ritterkreuzträger Ernst Strachwitz, der sich am äußersten Rand der ÖVP, der „Jungen Front", und später beim Verband der Unabhängigen (VdU) politisch engagierte.[13] Auch Otto Rösch, in den 1970er Jahren Minister in der Regierung Kreisky, war in der Heimkehrerbetreuung tätig und in die Machenschaften von Soucek involviert.[14] So wurden bei einem Einbruch in das Arbeitsamt Graz Schreibmaschinen, vorgedruckte Formulare usw. gestohlen, die zur Fälschung von Identitätsausweisen für die geflüchteten Nationalsozialisten verwendet wurden. Profitiert von dieser illegalen Aktion hat u. a. der ehemalige steirische Gauleiter Siegfried Uiberreither, der nach seiner Flucht jahrzehntelang unter falschen Namen in Deutschland lebte.[15]

Die von Soucek geleitete Fluchthilfeorganisation war vor allem im britischen Internierungslager Wolfsberg in Kärnten aktiv und soll zahlreichen Kriegsverbrechern, denen die Auslieferung an die Sowjetunion oder Jugoslawien drohte, zur Flucht verholfen haben. Für diese Aktivitäten ließ sich Soucek noch Jahrzehnte später in rechtsextremen Kreisen als heldenhafter „Menschenretter" feiern, weil er angeblich „über fünfhundert Mann [...] vor dem sicheren Tod durch Titos und Stalins Schergen bewahrt" habe.[16] Auch wenn diese nachträgliche heroisierende Selbstdarstellung stark übertrieben scheint, war Soucek bei der Flucht von einigen prominenten Fällen tatsächlich maßgeblich beteiligt. So versteckte sich der ehemalige steirische NS-Gauschulungsleiter Armin Dadieu mehrere Monate in seinem Haus und konnte schließlich (mithilfe des ehemaligen HJ-Führers der Steiermark Karl Cink) über Rom nach Argentinien flüchten.[17] Auch in die Flucht des ehemaligen SS-Obersturmbannführer Sepp Hoch-

---

13 Margit Reiter, Die Ehemaligen. Der Nationalsozialismus und die Anfänge der FPÖ, Göttingen 2019, 154–155.

14 Wilhelm Svoboda, Die Partei, die Republik und der Mann mit den vielen Gesichtern, Wien/Köln/Weimar 1993, 54–55.

15 Polaschek, Im Namen, 78–79.

16 Die angegebene Zahl der geflüchteten Nationalsozialisten schwankt erheblich: Während die Ermittlungsbehörden lediglich fünf bis zehn nachweisbare Fälle anführten, sprachen rechtsextreme Kreise in maßloser Übertreibung von „hunderten" Fällen. Vgl. Vorwort in Soucek, Mein Richter, 9.

17 Soucek schildert diese Flucht in seinen Memoiren sehr ausführlich; vgl. Soucek, Mein Richter, 81–88 und 108–111. Dadieu kehrte später wieder nach Deutschland zurück, erhielt dort eine Professur und lebte nach seiner Pensionierung wieder in Graz; vgl. Polaschek, Im Namen der Republik, 79–80.

gartner, Chef der SS-Freiwilligen-Gebirgsdivision Prinz Eugen, der wegen seiner Beteiligung an der „Partisanenbekämpfung" als Kriegsverbrecher gesucht wurde, war Soucek involviert. Der in Wolfsberg internierte Hochgartner konnte im Rahmen einer ärztlichen Untersuchung im Krankenhaus entkommen und floh über Salzburg nach Deutschland, wo er mehrere Jahre als Schuldirektor tätig war und später ebenfalls nach Österreich zurückkehrte.[18] Soucek nennt noch weitere Namen von Nationalsozialisten, für die er Fluchthilfe leistete, darunter den litauischen Abwehroffizier Alo Järvinnen, dem die Auslieferung an Moskau drohte und der nach Brasilien flüchtete, oder Josef Janko, einen in Wolfsberg internierten NS-Führer der Volksdeutschen, dem die Auslieferung nach Jugoslawien drohte, der er sich durch die Flucht nach Argentinien entzog.[19]

Geplant war auch die Ermordung des britischen Lagerkommandanten von Wolfsberg, Charles Kennedy (geb. Leo Hillman), zu der Soucek einen Komplizen angestiftet haben soll.[20] Kennedy wurde in „Ehemaligen"-Kreisen und im Umfeld der FPÖ massiv angefeindet und als „Wiener Emigrant und Nachkriegsverbrecher" antisemitisch attackiert.[21] Auch Soucek hasste den Lagerleiter von Wolfsberg, den er in seiner autobiografischen Schrift als „Teufel in Menschengestalt" dämonisiert.[22] Zur Ermordung Kennedys kam es schließlich nicht, da die nationalsozialistische Untergrundbewegung im Herbst 1947 aufflog und die Haupttäter Rößner und Soucek sowie rund 150 weitere Personen verhaftet wurden.

III.   Der „Naziverschwörer"-Prozess von 1948

Die Anfang 1948 bekannt gewordene NS-Untergrundorganisation erregte großes öffentliches Aufsehen und wurde sowohl im Ministerrat[23] als auch im Parlament heftig diskutiert. Im Parlament berichtete Innenminister Oskar Helmer ausführlich über die Aktivitäten und Hintergründe der aufgedeckten „Naziverschwörung".[24] Das Fazit des SPÖ-Innenministers lautete: „[Es] handelt sich bei allen Versuchen um eine Handvoll unentwegter Narren und Verbrecher, die glauben, das österreichische Volk sei trotz der bitteren Erfahrungen nazistischen

---

18 Soucek, Mein Richter, 116–118.
19 Ebd., 119–120 und 128–143.
20 Christian Klösch, Das „Camp 373" in Wolfsberg, in: Igor Pucker (Hg.), Lagerstadt Wolfsberg, Flüchtlinge – Gefangene – Internierte (Ausstellungskatalog), Wolfsberg 2013, 88.
21 Reiter, Die Ehemaligen, 297–298.
22 Soucek, Mein Richter, 9.
23 Vgl. dazu Svoboda, Die Partei, 55–57.
24 Stenographische Protokolle des Nationalrats (StPR), V. Gesetzgebungsperiode (GP), 23. Sitzung, 14.1.1948, Bericht von Oskar Helmer, 2078–2084 URL: https://www.parlament.gv.a t/PAKT/VHG/VI/NRSITZ/NRSITZ_00069/imfname_159631.pdf (abgerufen 20.2.2023).

oder faschistischen Parolen noch zugänglich.“[25] Helmer warnte vor Übertrei-
bungen und schloss mit der beschwichtigenden Aufforderung, die aufgedeckten
Umtriebe dieser Nationalsozialisten nicht unter- aber auch nicht zu überschät-
zen. Auch weitere Redner aus den Reihen der ÖVP und der SPÖ wollten der
Angelegenheit in der folgenden hitzigen Debatte nicht allzu viel Gewicht bei-
messen – sie taten die Verschwörer ebenfalls als „unbelehrbare Phantasten und
Verbrecher“ ab.[26] Der KPÖ-Abgeordnete Franz Honner hingegen warf den
Großparteien eine Bagatellisierung der neonazistischen Gefahr vor: Bei den
festgenommenen „Verschwörern“ handle es sich um keine „Lausbuben“, sondern um ausgewiesene, ideologisch überzeugte NS-Führer, gegen deren Tätigkeiten und Netzwerke man konsequent und unerbittlich vorgehen müsse.[27] Einige ÖVP-Abgeordnete wiederum verteidigten die ihnen politisch nahestehen-
den Heimkehrer-Betreuungsstellen in der Steiermark und warfen der KPÖ vor,
die Sache künstlich aufzubauschen.[28]

Am 31. März 1948 begann unter großem medialem Interesse der sogenannte
„Naziverschwörer“-Prozess in Graz. Neben den zwei Hauptangeklagten Theodor
Soucek und Hugo Rößner standen noch vier weitere Gesinnungsgenossen vor
Gericht: der Grazer Arzt Franz Klinger, ein ehemaliger illegaler Nationansozialist
und SA-Mitglied, der als zweitwichtigster Mann in der Organisation Soucek galt,
der HJ-Funktionär und Waffen-SSler Amon Göth[29] sowie die Nationalsozialisten
Anton Sehnert und Friedrich Schiller. Bei allen sechs Angeklagten, besonders bei
Soucek, Rößner, Klinger und Göth, handelte es sich um ideologisch überzeugte
Nationalsozialisten mit einer entsprechenden nationalsozialistischen Sozialisa-
tion.[30]

Die heimische (und internationale) Presse berichtete ausführlich über den
Prozess in Graz und seine Hintergründe[31] und auch die amerikanischen Besat-

---

25 Ebd., Bericht von Oskar Helmer, 2083.
26 Ebd., vgl. exemplarisch Redebeitrag von Ernst Koref, 2089–2096; Redebeitrag von Alfons
   Gorbach, 2096–2101.
27 Ebd., Redebeitrag Franz Honner, 2084–2089. Ähnlich auch Redebeitrag von Johann Koplenig
   in einer Sitzung Ende des Jahres 1948 vgl. StPR, V. GP. 93. Sitzung, 9.12.1948, 2582.
28 StPR, V. GP, 23. Sitzung, 14.1.1948, Redebeitrag von Alfons Gorbach, 2097–2098.
29 Nicht ident mit dem gleichnamigen KZ-Kommandanten von Plaszow bei Krakau, der 1946
   als Kriegsverbrecher in Polen hingerichtet wurde.
30 Biographische Angaben zu den Hauptbeteiligten vgl. Polaschek, Im Namen, 206–210.
31 Vor allem die linke Presse räumte der „Naziverschwörung“ großen Raum ein, wobei die
   kommunistischen Medien die davon ausgehende Gefahr teilweise übertrieben und die Verbindungen der Nationalsozialisten mit österreichischen Parteien und den Amerikanern
   anprangerten; vgl. exemplarisch Internierungslager Wolfsberg und Glasenbach – Brutstätte
   der Naziverschwörung, Österreichische Zeitung, 15.1.1948; Der Orden des Naziverschwörers
   Rößner, Arbeiter-Zeitung, 8.4.1948; Hunderte Naziverschwörer auf freien Fuß gesetzt,
   Volksstimme, 15.6.1948; USA-Geheimdienst wirbt Nazi als Spione an, Österreichische Zei-

zungsbehörden beobachteten den Prozess und legten ein umfangreiches Pressekonvolut dazu an.[32] Nach 27 Verhandlungstagen wurde das Beweisverfahren abgeschlossen und die Angeklagten bekamen noch einmal die Gelegenheit für ein Schlusswort. Soucek inszenierte sich bei dieser Gelegenheit als einfacher Kriegsheimkehrer, der lediglich gegen die vermeintliche „Kollektivschuld" aufgetreten sei, und stellte seine Aktivitäten als „reinen Akt der Notwehr" und Präventivmaßnahme gegen einen potentiellen Angriffskrieg der Sowjetunion dar.[33] Auch wenn er angesichts des drohenden strengen Urteils eine defensive Strategie wählte und sich zur Demokratie bekannte, zeigten sich die Richter davon wenig beeindruckt. Vielmehr schätzten sie Soucek als „politischen Fanatiker [ein], der in der Wahl seiner Mittel nicht wählerisch, im Glauben an die Durchsetzung seiner Ziele sich auch der verruchtesten Methoden bedient und aus diesem Grunde in seiner Persönlichkeit nicht nur sehr ernst zu nehmen" sei, sondern eine wirkliche Gefahr darstelle.[34]

Entsprechend hart fiel auch das Urteil am 15. Mai 1948 aus: Theodor Soucek, Hugo Rößner und Amon Göth wurden zum Tode verurteilt, die drei anderen Angeklagten erhielten Haftstrafen zwischen 10 und 20 Jahren. Bereits im Juni 1949 wurden die zum Tode Verurteilten jedoch vom Bundespräsidenten begnadigt und ihre Todesurteile in langjährige Haftstrafen umgewandelt.[35] Der blinde Arzt Franz Klinger, der ursprünglich zu 20 Jahre schweren Kerker verurteilt worden war, wurde 1951 ebenfalls begnadigt und kam (probeweise) frei, erwies sich aber bis an sein Lebensende als unverbrüchlicher Nationalsozialist.[36] Anfang der 1950er Jahre gab es von verschiedener Seite Bemühungen um eine baldige Begnadigung von Soucek: Gustav Canaval, der Herausgeber der *Salzburger Nachrichten*, trat in einem Leitartikel für die Wiederaufnahme des Prozesses und eine Revision der Urteile ein[37] und auch der VdU-Abgeordnete Viktor Reimann hielt im Dezember 1951 im Parlament eine Brandrede für den verurteilten NS-Fluchthelfer.[38]

Die Polizeidirektion Graz bezweifelte allerdings, dass Soucek „gnadenwürdig [sei], zumal bei ihm als ehemaligen fanatischen und führenden Neonazisten die

tung, 22.10.1948 (alle in National Archives and Record Administration (NARA), RG 260, Box 23).

32 Die Pressesammlung zum Soucek-Prozess befindet sich in: NARA, RG 260, Box 22 und Box 23.

33 Polaschek, Im Namen, 213–214.

34 Urteilsbegründung, zit. n. Polaschek, Im Namen, 218–219.

35 Souceks Strafe wurde in lebenslänglichen Kerker umgewandelt, Rößners Strafe zu 20 Jahren und Göths zu 15 Jahren schweren Kerkers abgemildert.

36 Vgl. Interview mit Franz Klinger im Dokumentarfilm von Egon Humer, Schuld und Gedächtnis (1995).

37 Gustav A. Canaval, Wir dürfen nicht schweigen!, Salzburger Nachrichten, 1.–2.7.1950, 1–2.

38 StPR, VI. GP, 69. Sitzung, 8.12.1951, 2598–2599.

Gefahr nicht von der Hand zu weisen ist, daß er die Freiheit zu neuer Betätigung für die NSDAP wieder mißbrauchen könnte."[39] Ungeachtet dieser (berechtigten) Bedenken von polizeilicher Seite erfolgte 1952 die endgültige Begnadigung und Freilassung Souceks und der anderen Verurteilten. Soucek lebte anschließend als Kaufmann mit seiner Familie in einer offenbar „arisierten" großen Villa in Graz.[40] 1954 wurde er wegen eines von ihm verursachten Autounfalls mit Todesfolge zu einer erneuten fünfmonatigen Haftstrafe verurteilt. Während die übrigen „Naziverschwörer" sich (partei)politisch nicht mehr stark exponierten, zeigte Soucek weiterhin politische Ambitionen.

IV.   Verlagerung auf die europäische Ebene: „Wir rufen Europa"

Zu Beginn der 1950er Jahre begann sich die extreme Rechte Europas auf transnationaler Ebene zu organisieren und zu vernetzen. Im Oktober 1950 fand in Rom ein „Kongress der nationalen Jugend Europas" statt, der von der Studentenorganisation der neofaschistischen Partei Movimento Sociale Italiano (MSI) organisiert wurde. Bei einem Folgekongress in Malmö im Mai 1951 wurde die Europäische Soziale Bewegung (ESB) gegründet, ein paneuropäisches rechtsextremes Netzwerk, das sich nach der Niederlage von 1945 neu organisieren wollte und dessen Ziel ein „vereintes weißes Europa" war. Unter der Führung des schwedischen Rechtsextremisten und ESB-Gründers Per Engdahl trafen sich in Malmö der Führer des MSI, Ernesto Masi, der britische Faschistenführer Oswald Mosley, der französische Rechtsextremist Maurice Bardèche, Mitglieder der spanischen Falange sowie Vertreter rechter Gruppierungen aus verschiedenen europäischen Ländern.[41] Die Vertreter der ESB sahen sich in der Tradition der Waffen-SS, die ihrer Eigendarstellung zufolge während des Zweiten Weltkrieges für NS-Deutschland gegen den Kommunismus gekämpft hatte.[42] In verschiede-

---

39 Bericht der Polizeidirektion Graz vom 19. Mai 1951, zit. n. Polaschek, Im Namen, 221.

40 Die mutmaßliche „Arisierung" der Villa lässt sich aus Souceks eigener Darstellung ableiten, bedürfte aber noch einer kritischen Überprüfung durch Archivquellen. Soucek zufolge gehörte die Villa der Familie eines jüdischen Miteigentümers von Kastner & Öhler, die nach dem „Anschluss" 1938 flüchten und zuvor ihr Haus erzwungenermaßen verkaufen musste. Soucek stellt den Kauf nachträglich als reine Gefälligkeit seines Vaters dar, für den die Familie Fürth dankbar gewesen sei, womit er ein typisches Entlastungsnarrativ von ehemaligen „Ariseuren" verwendet. Vgl. Soucek, Mein Richter, 89–94.

41 Tamir Bar-On, Fascism to the Nouvelle Droite. The quest for pan European empire, in: Andrea Mammone/Emmanuel Godin/Brian Jenkins (Hg.), Varieties of Right Wing Extremism in Europe, London/New York 2013, 69–84, 75–77; Roger Griffin (Hg.), Fascism, Oxford 1995, 342–355.

42 Thomas Riegler, UFOS und rechte Netzwerke, in: Profil, 8. 5. 2017, 30–31; Thomas Riegler, Der neofaschistische Traum von einem autoritären Europa, URL: https://www.diepresse.com/5 121074/der-neofaschistische-traum-von-einem-autoritaeren-europa (abgerufen 20. 2. 2023).

nen europäischen Ländern wurden nationale Sektionen gegründet, u. a. in Deutschland, wo das ESB-Vorstandsmitglied Karl-Heinz Priester, der auch in der neonazistischen Sozialistischen Reichspartei (SRP) tätig war, die Deutsche Soziale Bewegung (DSB) ins Leben rief. 1951 wurde von Arthur Erhardt und Herbert Böhme, zwei hochrangigen ehemaligen SS-Führern, auch die Monatszeitschrift *Nation Europa* (ab 1990: *Nation und Europa*) gegründet, die der Zeithistoriker Hans Rothfels 1955 eindeutig als „neonazistisch" einstufte.[43] Die Zeitschrift fungierte als Publikations- und Vernetzungsorgan der rechtsextremen Szene nicht nur in Deutschland, sondern auch darüber hinaus.[44] In den folgenden Jahren fanden mehrere europäische Vernetzungstreffen der extremen Rechten statt, unter anderem auch in Österreich, wie etwa 1956 die sogenannte „Europa-Akademie" in Saalfelden, wo ESB-Vertreter anwesend waren, darunter die bekannten Holocaustleugner und Revisionisten Bardèche und Engdahl.[45]

Zu diesem rechten europäischen Netzwerk gehörte auch Theodor Soucek, der seine politische Agenda mittlerweile auf die europäische Ebene verlagert hatte.[46] Er gab eine Zeitschrift mit dem Titel *Europaruf* heraus, die monatlich von 1957 bis 1960 erschien und hauptsächlich von ihm selbst getragen wurde. Als Autoren scheinen aber auch Protagonisten der europäischen Rechten wie z. B. der Schweizer Erwin Vollenweider (Schweizer Volkspartei), der Franzose Maurice Bardèche oder Jan Marais von der Südafrikanischen Union auf. Außerdem schrieben darin vereinzelt auch österreichische Rechtsextreme (z. B. Erich Kernmayr) und FPÖ-Politiker wie etwa Klaus Mahnert.[47] Thematisch stand im *Europaruf* die Außenpolitik im Fokus, wobei es vor allem um die Stellung Europas und die weltpolitische Lage ging und die Gefahr eines Dritten Weltkrieges an die Wand gemalt wurde. Zudem finden sich darin immer wieder positive Bezüge auf den Kolonialismus und die Apartheid sowie die üblichen revisionistischen Positionen in Bezug auf den Nationalsozialismus.

Zur Verbreitung seiner politischen Ideen hielt Soucek in Österreich und angrenzenden Ländern zahlreiche Vorträge und 1956 erschien sein Buch „Wir rufen Europa. Vereinigung des Abendlandes auf sozialorganischer Grundlage", das er bereits in seiner Haft („in der Todeszelle" wie er pathetisch schreibt) verfasst

43 Briefwechsel zwischen Arthur Erhardt und Hans Rothfels, abgedruckt in: Vierteljahrshefte für Zeitgeschichte, 3 (1955) 2, 223–226.
44 Gideon Botsch, Nation Europa (seit 1951), in: Wolfgang Benz (Hg.), Handbuch des Antisemitismus. Judenfeindschaft in Geschichte und Gegenwart (2013) 6, 473–475.
45 Riegler, UFOS und rechte Netzwerke, 30.
46 Thomas Riegler, „Werwölfe", Geheimbündler und Südtirol-„Bumser": Die Anfänge des Rechtsterrorismus in Österreich, in: JIPSS,10 (2016) 2, 81–118, 86–88.
47 Vgl. exemplarisch Klaus Mahnert, Volk – Staat – Europa, Europaruf, F 3, 1.3.1958, 2.

hatte.[48] Ein Jahr darauf, am 5. Juli 1957 gründete Soucek in Graz eine Partei unter dem sperrigen Namen Sozialorganische Ordnungsbewegung Europas (SOOB bzw. SORBE abgekürzt). Das Sofortprogramm der SORBE liest sich zunächst recht harmlos: Man forderte eine Volksabstimmung zur Abgabe der Souveränitätsrechte aller Staaten zugunsten einer gemeinsamen Europaregierung, Beseitigung aller Zollgrenzen, eine gemeinsame Währung, eine gemeinsame Außen- und Verteidigungspolitik sowie eine „bahnbrechende Kultur- und Geistespolitik". Als politisches Ziel wurde eine „europäische Völkergemeinschaft auf der Basis bedingungsloser Gleichberechtigung" formuliert.[49]

Welche konkreten Europa-Vorstellungen tatsächlich hinter diesen allgemein gehaltenen Postulaten standen, soll im Folgenden anhand seiner (teilweise sehr konfusen) Ausführungen in seinem Europa-Buch herausgearbeitet werden. Bereits im Vorwort formuliert Soucek das übergeordnete Ziel einer „Vereinigung Europas", die er angesichts der Übermacht der „Siegermächte" USA und Sowjetunion als unerlässlich ansah. Soucek beklagte, dass sich „rings um Europa [...] die Welt in Großräumen" formiere, wohingegen sich die „europäischen Völker in einer Kleinstaaterei und politischen Engstirnigkeit abschnüren, die dem Geist von Selbstmördern" entspräche.[50] Der Ausgangs- und Angelpunkt seiner Europakonstruktion war die Niederlage von 1945, die er und seinesgleichen nicht verschmerzen konnten. Europa sei „nicht Herr seines Schicksals", sondern stünde unter der Herrschaft der Besatzungsmächte, deren „Umerziehungs"-methoden man sich aber nicht beugen dürfe: „Schließlich sind wir Europäer keine Buschneger, die sich mit Glasperlen, Bibelsprüchen und Sonntagsreden ‚umerziehen' und ‚zivilisieren' lassen".[51]

Soucek zufolge müsse Europa zur Selbsthilfe schreiten und sich im Kontext des Kalten Krieges zwischen den zwei Großmächten neu positionieren, wobei ihm die Schaffung eines starken, autoritären Europa zwischen Ost und West vorschwebte, wie es rechtsextreme Bewegungen in ganz Europa propagier(t)en.[52] Der Antikommunismus gehörte zum ideologischen Kernelement rechter Europa-Konzepte, so auch bei Soucek. Er bezieht sich dabei positiv auf den italieni-

---

48 Theodor Soucek, Wir rufen Europa. Vereinigung des Abendlandes auf sozial-organischer Grundlage, Wels und Starnberg 1956. Dieses Buch war laut Eigenwerbung „Das sensationellste politische Buch seit 1945", vgl. Europaruf, F 9, September 1959, 7.
49 Das Sofortprogramm ist abgedruckt in: Europaruf, F 7, 15.7.1957, 1.
50 Soucek, Europa, 9.
51 Ebd., 22–23.
52 Riegler, Der neofaschistische Traum; zur aktuelleren Entwicklung vgl. Johannes Dafinger, Europeanization as Detachment from the Global. The Case of Nazi Germany and the Post-War European Far Right, in: Florian Greiner/Peter Pichler/Jan Vermeiren (Hg.), Reconsidering Europeanization. Ideas and Practises of (Dis-)Integrating Europe since the Nineteenth Century, Berlin/Boston 2022, 95–121, 111.

schen Faschismus, den er als „antimarxistische Sozialbewegung" bezeichnet[53], und auch der Nationalsozialismus wird als „Warner vor der Weltgefahr des Bolschewismus" und wegen seiner vermeintlichen sozialpolitischen Leistungen als wahre „Erfüllung des Sozialismus" gefeiert.[54] Wie schon im Nationalsozialismus fungierte auch nach 1945 die Sowjetunion für die europäische extreme Rechte als dominantes Feindbild. Bei Soucek zeigt sich allerdings noch weit stärker ein geradezu obsessiver Antiamerikanismus, der sich zum einen aus dem Hass gegen die „Siegermächte" speiste (Ressentiments gegen Versailles, Roosevelt, Morgenthau usw.[55]), zum anderen aber auch auf die aktuelle Weltpolitik der USA abzielte.

Souceks Europa-Konzept ging aber über den propagierten Kampf gegen den Kommunismus und die USA hinaus. Ausgehend davon, dass Europa „eine bindende europäische Idee, der zündende bewegende Funke und ordnende Wille" fehle, propagierte er ein „sozial-organisches Ordnungskonzept" für Europa, das auf den schicksalhaft miteinander verbundenen Kategorien Familien, Sippen, Völker, Nationen und Rassen basieren sollte.[56] Als Vorbild diente ihm dabei der Nationalsozialismus, der „die Rassen- und Vererbungslehre zu einem integrierenden Bestandteil der Ordnungsidee" gemacht habe.[57] Auch wenn Soucek sich nicht direkt auf die Europa-Vorstellungen im Nationalsozialismus und besonders in der Waffen-SS[58] bezog, waren in seinen weitschweifigen Ausführungen zur Nationalitätenfrage, der Raumfrage und der Wirtschaftsfrage Europas, die ideologischen Kernelemente des Nationalsozialismus (völkisches Weltbild, Rassismus, Antisemitismus) allgegenwärtig. Seine Vorstellungen liefen letztendlich auf ein völkisches, biologistisch begründetes Europakonstrukt hinaus.

Das Buch enthält auch Ausführungen zur „Judenfrage", in denen Soucek gängige Narrative aus dem rechtsextremen Antisemitismus-Reservoir reproduziert. Er räumt zwar ein, dass der Nationalsozialismus „in der Judenfrage [...] offenbar zu weit [gegangen]" sei, fügt aber gleich relativierend hinzu, dass das „Weltjudentum in begreiflicher Gegenwehr und Selbstverteidigung [...] teilweise maßlos verhetzt und bis zum blinden Haß aufgepeitscht" worden sei und 1933

---

53 Soucek, Europa, 92–93.

54 Ebd., 96–97.

55 Vgl. exemplarisch Theodor Soucek, Von Morgenthau bis Dulles, Europaruf, F 2, Februar 1959, 1.

56 Soucek, Europa, 31–32.

57 Ebd., 98.

58 Johannes Dafinger/Dieter Pohl (Hg.), A New Nationalist Europe under Hitler. Concepts of Europe and Transnational Networks in the National Socialist Sphere of Influence, 1933–1945, London/New York 2019; Jochen Böhler/Robert Gerwarth (Hg.), The Waffen-SS. A European History, Oxford 2017; Jan Erik Schulte/Peter Lieb/Bernd Wegner (Hg.), Die Waffen-SS. Neue Forschungen, Paderborn 2014.

den „Vernichtungskrieg gegen Hitlerdeutschland" erklärt habe.[59] Diese in rechten Kreisen verbreitete Verschwörungslegende von der angeblichen jüdischen Kriegserklärung mündet bei Soucek schließlich in die offene Leugnung bzw. Relativierung des Holocaust: „Man hat 1945 die Lüge vom Judenabschlachten in die Welt gesetzt und die Weltmeinung über Hitler und die Deutschen bewußt vergiftet und verfälscht. Das Judentum ist bis zur Stunde jeden Beweis über die Höhe der angeblich in Vernichtungslagern und Gaskammern Ermordeten schuldig geblieben."[60] Allein schon an diesen wenigen Auszügen wird die Stoßrichtung des Buches überdeutlich: Sie reiht sich ein in die revisionistische Literatur ideologisch verbohrter, unbelehrbarer NationalsozialistInnen, Rechtsextremen und HolocaustleugnerInnen, die die Niederlage von 1945 nicht verschmerzen konnten und ihre Gesinnung über den „Umweg" der Propagierung der Europa-Idee weiter fortführten.

V.   Soucek und die FPÖ: Andockversuche und Konkurrenz

Soucek war nicht nur in rechtsextremen Kreisen äußerst aktiv, sondern versuchte gleichzeitig auch in der österreichischen Innenpolitik mitzumischen. Seine politischen Ambitionen hatten sich bereits kurz nach Kriegsende gezeigt. Damals stand er mit dem antisemitischen Verleger Leopold Stocker in Kontakt, der gemeinsam mit dem ehemaligen Landbund-Politiker und illegalen Nationalsozialisten Karl Hartleb und dem ehemaligen NS-Dekan Ernst Schönbauer Pläne für eine politische Reorganisation der „Ehemaligen" in Form einer „vierten Partei" schmiedete.[61] Soucek, der zeitgleich die Fluchthilfe für NS-Kriegsverbrecher organisierte, beteiligte sich an einer dieser „nationalen Gesprächsrunde(n)", wobei ihm die Rolle zukommen sollte, für die Partei „Stimmen des nationalen Lagers, der NS-Verfolgten, der Rechten" zu gewinnen.[62] Es handelte sich um die im Juli 1947 gegründete Verfassungstreue Vereinigung, die allerdings wegen neonazistischer Aktivitäten bereits ein Jahr später verboten wurde. Eine parteipolitische Betätigung Souceks im 1949 gegründeten Verband der Unabhängigen war allein schon durch seine Verurteilung und Haft nicht möglich. Allerdings hatte er im VdU – der sich gern als „liberal" etikettierte, in erster Linie aber ein politisches Auffangbecken für ehemalige NationalsozialistInnen war – durchaus politische Fürsprecher, wie die bereits erwähnte Parlamentsrede von VdU-Mitbegründer Viktor Reimann zeigte.

---

59 Soucek, Europa, 99.
60 Ebd., 101.
61 Reiter, Die Ehemaligen, 66–71.
62 Soucek, Mein Richter, 152.

Das verstärkte (partei)politische Engagement von Soucek Mitte der 1950er Jahre, sichtbar durch die Gründung der SORBE, ist nicht nur vor dem Hintergrund der aufgezeigten Reorganisation der europäischen Rechten zu sehen, sondern auch in den innerpolitischen Kontext Österreichs einzuordnen. Nach dem sich abzeichnenden Ende der Entnazifizierung und dem Abzug der Alliierten 1955 war allgemein ein erstarkendes Selbstbewusstsein von Alt- und Neonazis zu beobachten, das sich unter anderem in zahlreichen (Wieder-) Gründungen und Aktivitäten von rechtsgerichteten Vereinen, Burschenschaften und Veteranenverbänden manifestierte. Ab Mitte der 1950er Jahre gab es regelmäßige „Glasenbacher"-Treffen[63], deutschnationale schlagende Burschenschaften traten vermehrt öffentlich in Erscheinung (wie z. B. bei den Schillerfeiern 1959) und es kam sowohl in Deutschland als auch in Österreich zu zahlreichen „neonazistischen" und antisemitischen Vorfällen.[64] In diese Phase der politischen Reorganisation der „Ehemaligen" fiel 1955/56 auch die Gründung der Freiheitlichen Partei Österreich (FPÖ) durch den hochrangigen NS-Funktionär Anton Reinthaller, in der viele gesinnungstreue ehemalige NationalsozialistInnen ihre politische Heimat fanden und an die Soucek politisch anzudocken versuchte.

Bei seinen Vortragsreisen durch Österreich, bei denen er seine Idee zur Gründung einer „Europa-Partei" propagierte, suchte er auch gezielt Kontakte mit potenziellen InteressentInnen im „Ehemaligen"-Milieu und im freiheitlichen Umfeld. Die FPÖ-Führung verfolgte Souceks politischen Aktivitäten und Annäherungsversuche mit Interesse, trat sie doch selbst programmatisch für ein „vereinigtes Europa auf der Grundlage der Gleichberechtigung" ein.[65] Trotz ihrer proeuropäischen Grundhaltung gab es gegenüber der Person Soucek allerdings gewisse Vorbehalte. So hieß es beispielsweise in einem Bericht an den Parteiobmann Anton Reinthaller:

> „Soucek kurvt im gesamten Bundesgebiet herum und hält sich viel bei Personen unserer Partei auf. Im Mai dieses Jahres soll die Konstituierung der ‚Sozialen Ordnungsbewegung' in Graz erfolgen. Die Argumentation Souceks lautet: Die steirischen Landtagswahlen haben neuerlich bewiesen, dass die FPÖ ein sterbender Faktor ist. Es muß rechtzeitig eine Ersatz- und Auffangorganisation geschaffen werden, das ist die ‚Soziale Ordnungsbewegung'."[66]

---

63 Es handelt sich dabei um eine Vereinigung der im amerikanischen Internierungslager Marcus W. Orr in Salzburg internierten NationalsozialistInnen.

64 Reiter, Die Ehemaligen, 262–281.

65 Vgl. Parteiprogramme von VdU und FPÖ in: Berchtold, Klaus (Hg.), Österreichische Parteiprogramme 1868–1966, Wien 1967, 484–512, 485, 489 und 496.

66 Information für den Herrn Bundesparteiobmann sowie den Herrn Bundespropagandareferenten (ohne Autor und Datum). Oberösterreichisches Landesarchiv (OÖLA), NL Reinthaller, VdU/FPÖ III.

Emil van Tongel, der als rechte Hand von Reinthaller galt und sich gerade mit internen Querelen in der Steiermark um den FPÖ-Funktionär und ehemaligen SS-Mann Herbert Schwaiger herumschlug, riet dem FPÖ-Obmann: „Hände weg, der fehlte uns noch in unserem N̲eo-Zirkus!! Das Buch will ich gerne lesen, aber an ihn anstreifen hieße nur neue Kalamitäten verursachen! Ich will keine Steirer mehr sehen." [H.i.O.][67]

Souceks politische Ambitionen wurden von der FPÖ-Führung offenbar als potenzielle Konkurrenz empfunden und daher kritisch beobachtet. So verfasste Friedrich Peter (damals enger Mitarbeiter von Parteigründer Reinthaller) im Auftrag der Partei einen anschaulichen Bericht über eine Veranstaltung von Soucek in Linz im September 1956.[68] Laut Peter waren unter den rund 100 Anwesenden viele ehemalige NationalsozialistInnen und „Glasenbacher", davon aber – wie er akribisch festhielt – nur 15 FPÖ-Mitglieder. Soucek habe einen langen Vortrag über die weltpolitische Lage gehalten, wobei er die aktuelle Ungarnkrise zum Anlass nahm, mit dem „Weltbolschewismus" abzurechnen und die „Schwächen des Westens" zu geißeln. Am meisten Beifall habe er für seine Ausführungen zur Kriegsschuldfrage und zu den Nürnberger Prozessen erhalten. Peters Einschätzung von Soucek fiel sarkastisch aus: Dieser habe zwar eine gute Rhetorik, verwende aber eine „Fülle verworrener Wirtschaftsbegriffe", sodass alles zusammen „einen herrlichen Gedankensalat[,] aber kein Europakonzept" ergebe.[69] Außerdem mutmaßte Peter, dass Soucek „den Europagedanken lediglich dazu benutz[e], um [sein eigenes] politisches Süppchen zu kochen". Daher plädierte er dafür, „diese[m] Mann allmählich den Hahn abzudrehen", denn es sei „unverantwortlich, so einen unausgeglichenen und komplexbeladenen Charakter auf die Menschheit loszulassen."[70] Eine wirkliche Konkurrenz für die FPÖ sah Peter in Soucek allerdings nicht, da dieser seiner Meinung nach „niemals Führer einer Bewegung – und schon gar nicht einer Europabewegung" sein könne – so sein Resümee.[71]

Als Soucek Anfang 1957 die Absicht bekundete, eine eigene Partei zu gründen, war man in der FPÖ aber doch alarmiert. In persönlichen Gesprächen versuchte man ihm die Idee auszureden. Dabei ging es jedoch weniger um inhaltliche Vorbehalte – die politischen Zielsetzungen Souceks wurden vielmehr explizit gutgeheißen – als um Befürchtungen, dass der Freiheitlichen Partei Wähler-

---

67 Emil van Tongel an Anton Reinthaller, 17.9.1956. OÖLA, NL Reinthaller, VdU/FPÖ IV.
68 Emil van Tongel an Anton Reinthaller, 5.12.1956 und Friedrich Peter, Bericht an die FPÖ-Parteileitung, 5.12.1956. OÖLA, NL Reinthaller, VdU/FPÖ IV.
69 Friedrich Peter, Bericht an die FPÖ-Parteileitung, 5.12.1956. OÖLA, NL Reinthaller, VdU/FPÖ IV.
70 Ebd.
71 Ebd.

stimmen verloren gehen könnten.[72] Auch wenn manche FPÖ-Funktionäre Soucek und seine Gesinnungsgenossen persönlich geringschätzten, war man sich
bewusst, dass es in Teilen der eigenen Partei durchaus Anhänger von Soucek gab.
Zudem wusste man zu berichten, dass sich dieser offensiv um ehemalige Nationalsozialisten, wie etwa Erich Kernmayr, bemühte und in einem Salzburger
„NS-Exklusivzirkel" seine Ideen präsentiert habe.[73]

Als Soucek seine Ankündigung wahrmachte und am 5. Juli 1957 in Graz seine
neue Partei SORBE gründete, war erneut ein FPÖ-Funktionär, diesmal der Steirer
Egon Plachutta, als (stiller) Beobachter anwesend. Er verfasste einen Bericht über
den Gründungsparteitag, der von der Bundespartei in einem Rundschreiben
verschickt wurde.[74] Daraus geht hervor, dass bei der Gründung der SORBE rund
50 Personen anwesend waren und der Parteigründer seine üblichen weit-
schweifenden Ausführungen getätigt habe, die der FPÖ-Beobachter als „zum Teil
äußerst verworren und skurril" und als „Phantastereien" einschätzte, die „kein
normal Begabter ernst nehmen" könne. Soucek habe sich wegen des Todesurteils
von 1948 gegen ihn als nationaler Märtyrer stilisiert und sehe sich offenbar in der
Rolle eines nationalen „Volkstribuns".[75]

Die Bundes-FPÖ gab die Order aus, dass eine gleichzeitige Mitgliedschaft bei
der FPÖ und bei der SORBE – wie sie offenbar Soucek vorschwebte – unvereinbar
sei; weitere öffentliche Erörterungen zu Souceks Partei hielt man nicht für er-
wünscht.[76] Gleichzeitig beauftragte Reinthaller den Salzburger Landesobmann
Gustav Zeillinger bei Soucek zu sondieren, ob dieser auch innenpolitische Ambitionen habe.[77] Nach einem persönlichen Treffen berichtete Zeillinger von
einem sehr kameradschaftlichen Gespräch und dem großen Interesse Souceks an
einer Zusammenarbeit mit der FPÖ, weswegen dieser auch die Aufhebung des
geltenden Verbots einer Doppelparteimitgliedschaft forderte. Alles in allem sah
Zeillinger in Souceks neuer Partei keine innenpolitische Bedrohung für die FPÖ
und riet daher von einem offenen Kampf gegen ihn ab.[78] Auch FPÖ-Generalse-
kretär Karl Kowarik gab später zu, dass es in Teilen der FPÖ begeisterte Anhänger
dieser Bewegung gab, stellte aber gleichzeitig befriedigt fest, dass selbst seine
ehemaligen Kampfgefährten Hugo Rößner und Amon Göth von Soucek ab-
rückten.[79] Die kurze innenpolitische Episode mit der FPÖ war damit beendet,

---

72 Günther Berka an Anton Reinthaller, 17. 2. 1957. OÖLA, NL Reinthaller, VdU/FPÖ I.
73 Information für den Herrn Bundesparteiobmann sowie den Herrn Bundespropagandarefe-
    renten (ohne Autor und Datum). OÖLA, NL Reinthaller, VdU/FPÖ III.
74 FPÖ-Rundschreiben Nr. 70/57 vom 12. 7. 1957. OÖLA, NL Reinthaller, VdU/FPÖ III.
75 Ebd.
76 Ebd.
77 FPÖ-Landesobmann (Gustav Zeillinger) an Anton Reinthaller, 25. 7. 1957. OÖLA, NL Rein-
    thaller, VdU/FPÖ III.
78 Ebd.
79 Karl Kowarik an Anton Reinthaller, 19. 12. 1957. OÖLA, NL Reinthaller, VdU/FPÖ III.

noch bevor sie richtig begonnen hatte und Soucek konzentrierte sich wieder verstärkt auf seine europäische Agenda.

VI. Der Europa-Kongress in Salzburg

Im politischen Klima der Reorganisation der extremen Rechten fand im Dezember 1957 in der Stadt Salzburg im Kongresshaus ein sogenannter Europa-Kongress der SORBE statt, an dem auch bekannte europäische (Neo-)FaschistInnen und HolocaustleugnerInnen teilnahmen.[80] Ein externer Bericht über diesen Kongress[81] gibt einen Einblick über den Ablauf dieses Treffens: Darin ist eingangs von einem „Tummelplatz für Narren und Leute" die Rede, über den zu berichten es nicht lohnen würde, „wenn man aus der Geschichte nicht wüsste, daß ein verbrecherischer Narr schon einmal beschlossen hatte, Politiker zu werden und die Welt in ein namenloses Unglück des zweiten Weltkrieges zu stürzen." Die Zusammensetzung des Kongresses war laut Berichterstatter heterogen, jedenfalls waren viele ehemalige NationalsozialistInnen, „Glasenbacher", Mitglieder des Salzburger Turnvereins sowie der Salzburger FPÖ-Vizebürgermeister (ein ehemaliges NSDAP-Mitglied) Sepp Weilhartner anwesend. An beiden Kongresstagen standen Vorträge von bekannten Rechtsextremen auf dem Programm[82], unter anderem referierten Jan P. Marais von der Südafrikanischen Union, der französische Holocaustleugner Henry Roques, der Führer der Nationalen Jugend Österreich (ANJÖ) Konrad Windisch und der rechtsextreme Salzburger Publizist Günter Schwab[83], Begründer des rechtsökologischen Weltbundes zum Schutz des Lebens (WSL) und Autor in Souceks *Europaruf*. Den abschließenden Vortrag hielt der Gastgeber Soucek, der laut Bericht die üblichen revisionistischen Aussagen tätigte (z. B. das Kriegsende als „größten Unglückstag der Weltgeschichte" bezeichnete) und unter großem Beifall eine Amnestie für Rudolf Hess und „alle sogenannten Kriegsverbrecher" sowie die „Wiedergutmachung für alle politisch Verfolgten nach 1945" forderte. Seine politischen Vorstellungen in Bezug auf Europa blieben hingegen vage, sie richteten sich sowohl gegen die USA als auch gegen den Kommunismus, er trat für die

---

80 Vgl. dazu Erwin Vollenweider, Salzburg ruft zur Tat, Europaruf, F 12, 15.12.1957, 1; Fanal europäischer Einigung, Europaruf, F 1, 1.1.1958, 1–3.
81 Information über „1. Europa-Kongress der Sozialorganischen Ordnungsbewegung Europas" in Salzburg am 7.–8.12.1957, 1–5. Dokumentationsarchiv des österreichischen Widerstandes (DÖW), RE 2000/15/041. Die Autorenschaft dieses sehr detaillierten Berichts ist nicht eruierbar, es gibt aber Hinweise, dass es sich um einen (staats)polizeilichen Bericht handeln könnte. Alle folgenden Zitate sind diesem Bericht entnommen.
82 Das Programm ist abgedruckt in: Europaruf, F 12, 15.12.1957, 3.
83 Wolfgang Purtscheller, Die Ordnung, die sie meinen, Wien 1994, 128–129.

Schaffung einer europäischen Währung ein, und er machte im persönlichen Gespräch keinen Hehl daraus, dass sein Europakonzept zwar „auf Hitler auf[baue]", aber darüber hinausgehe.[84] Abschließend beantragte der anwesende Klaus Mahnert, ehemaliger NS-Gauinspekteur in Tirol, Burschenschafter und hochrangiger FPÖ-Funktionär, eine Grußadresse an Rudolf Hess, die „stürmisch beklatscht" und an dessen Ehefrau verschickt wurde.[85] Dieses Grußtelegramm an Hess sollte später für die SORBE noch zum Verhängnis werden.

Der (unbekannte) Beobachter des Kongresses, seiner Wortwahl zufolge ein dezidierter Antifaschist, schließt seinen Bericht mit folgender scharfsichtiger Conclusio:

> „Abschließend sei nochmals festgestellt, wenn man die einzelnen Leute der SORBE nicht kennt, dann hat man den Eindruck, in eine Narrengesellschaft geraten zu sein. Aber wenn man privat mit ihnen spricht, dann sieht man sofort, daß die Leute absolut wissen, was sie wollen, daß sie Nazis echtester Art sind, ohne sich als Nazis zu bezeichnen, daß sie aus den Fehlern, die Hitler in deren Anwendung und Verwirklichung seiner Ziele gemacht hat, gelernt haben und diese Fehler vermeiden wollen. Sie leugnen kategorisch die Existenz einer österreichischen Nation und betrachten Großdeutschland nach Heimholung aller verlorenen Gebiete als ihr Vaterland. Gewiss werden diese Leute Europa niemals einigen oder sonst eine aufbauende Leistung vollbringen, aber sie dürfen doch einmal stark genug werden, um in das latent vorhandene Pulverfass einen Feuerfunken zu werfen. Darum darf die Beobachtung dieser europäischen Nazigruppe auf keinen Fall vernachlässigt werden."[86]

Ging das Vernetzungstreffen der europäischen Rechten (mit 800 bis 1000 TeilnehmerInnen) von 1957 noch weitgehend ungestört über die Bühne, so kam es in den Folgejahren, als weitere derartige Veranstaltungen der SORBE geplant waren, zu parteiübergreifenden Protesten. Als für den November 1958 erneut ein Europa-Kongress in Salzburg angekündigt wurde, gab es bereits im Spätsommer von verschiedener Seite vehementen Widerstand und Kritik. Nicht nur der KZ-Verband, auch andere antifaschistische Gruppierungen, die Sozialistische Jugend und das Katholische Jugendwerk versuchten durch Protestschreiben an den Salzburger Landeshauptmann Josef Klaus und den Bürgermeister der Stadt Salzburg Alfred Bäck sowie an alle demokratischen Parteien und an das Innenministerium diese Veranstaltung zu verhindern.[87] Auch in den (nicht nur,

84 Souceks politische Grundsatzerklärung, Europaruf, F 1, 1.1.1958, 2.
85 Vgl. dazu auch Nachberichterstattung zum Kongress in: Europaruf, F 1, 1.1.1958, 1–3.
86 Information über „1. Europa-Kongress der Sozialorganischen Ordnungsbewegung Europas" in Salzburg am 7.–8.12.1957, 5. DÖW, RE 2000/15/041.
87 Vgl. dazu exemplarisch Landesverband Salzburg Österreichischer Widerstandskämpfer und Opfer des Faschismus (KZ-Verband) an Landeshauptmann Josef Klaus, 23.9.1958; Bundesverband Österreichischer Widerstandskämpfer und Opfer des Faschismus (KZ-Verband), Rundschreiben Nr. 14/58, 24.9.1958; Bund der Sozialistischen Freiheitskämpfer Tirol, Schrei-

aber vorwiegend linken) Medien setzten sich die Proteste gegen das „Faschistentreffen" mit Schlagzeilen wie „Die Mozartstadt darf kein Schauplatz für Naziprovokateure werden" fort.[88] Als Reaktion darauf lamentierte Soucek unentwegt gegen die „Kommunisten-Hetze" und leugnete – entgegen der Faktenlage – jede Verbindung zu ehemaligen SS-Angehörigen und rechtsextremen Vereinigungen.[89]

Die Interventionen waren schließlich erfolgreich, der geplante Europa-Kongress 1958 fand nicht statt und auch weitere Veranstaltungen der SORBE waren von Protesten begleitet.[90] Um Soucek selbst war es danach in der Öffentlichkeit ruhiger geworden. Im Oktober 1958 wurde die SORBE verboten, was vor allem mit dem Grußtelegramm an Rudolf Hess und beleidigenden Äußerungen Souceks gegen Staatsmänner befreundeter Staaten begründet wurde; im Juni 1959 erfolgte allerdings nach einer Beschwerde von Soucek und Gesinnungsgenossen die Aufhebung des Verbots.[91] Der sich solcherart als entlastet betrachtete Soucek wurde daraufhin zum Obmann des Steirischen Handels- und Gewerbebundes gewählt.[92] 1963 wurde der *Europaruf* verboten und im März 1964 erfolgte schließlich die endgültige behördliche Auflösung der SORBE.[93]

VII. Rechtsextreme Netzwerke in Europa

Theodor Soucek setzte sich 1962/63 ins Ausland ab. Er war nicht nur politisch, sondern auch wirtschaftlich gescheitert: Er hatte das Familiengeschäft abgewirtschaftet und hinterließ mehrere Millionen Schulden, was ihn offenbar auch

---

ben an Landeshauptmann Klaus, 27.9.1958. DÖW, RE 2000/15/047; Bundes-KZ-Verband an das Innenministerium, 29.9.1958. DÖW, RE 2000/15/041.

88 Vgl. exemplarisch Faschistischer „Europakongreß" nach Salzburg einberufen, Neue Zeit, 30.8.1958, 3; Die Mozartstadt darf kein Schauplatz für Naziprovokationen werden, Volksstimme, 2.10.1958, 3; Staatssekretär Grubhofer sagt Verbot des Salzburger SS-Treffens zu, Volksstimme, 15.10.1958, 1.

89 Kommunistenterror, Europaruf, F 11, November 1958, 2; Theodor Soucek, Regiert in Österreich die KP?, Europaruf, F 11, November 1959, 1–2: Presseerklärung der SORBE, 20.10.1958. DÖW, RE 2000/15/046.

90 Vgl. exemplarisch Bundesverband Österreichischer Widerstandskämpfer und Opfer des Faschismus (KZ-Verband), an Bundeskanzler Raab, 17.4.1959. DÖW, RE 2000/15/048; Landesverband Salzburg Österreichischer Widerstandskämpfer und Opfer des Faschismus (KZ-Verband), Protest gegen Abhaltung eines SORBE-Kongresses, 8.3.1960. DÖW, RE 2000/15/049.

91 SORBE gestern offiziell aufgelöst, Neues Österreich, 26.10.1958, 2; Bescheid des Verfassungsgerichtshofes, 9.6.1959. DÖW, RE 2000/15/050. Darin wurde die im Oktober 1958 erfolgte Auflösung der SORBE durch das Innenministerium wieder aufgehoben.

92 Svoboda, Die Partei, 57–58.

93 Souceks „Europa ruft" wird eingestampft, Die Gemeinde, September 1963. DÖW, RE 2000/15/045; Riegler, Die Rössner-Soucek-Verschwörung, 68.

zur Flucht ins Ausland veranlasste.[94] Zunächst setzte er sich nach Südafrika ab, wo er etwa ein Jahr lebte und heiratete. Südafrikanischen Zeitungsberichten zufolge sollte Soucek im Frühsommer 1964 nach einer dreiwöchigen Haft in Johannesburg nach Österreich ausgeliefert werden, wo ihn eine Anklage wegen Betruges erwartete. Er nützte die Zwischenlandung in Zürich jedoch zur Flucht nach Madrid, wo er bei seiner Ankunft zunächst wegen illegaler Einreise verhaftet wurde, letztendlich aber nichts zu befürchten hatte.[95] Er lebte in den folgenden Jahren wie viele andere „unbelehrbare" Altnazis an der Costa del Sol (Benalmádena) im sicheren Franco-Spanien.[96]

Soucek betätigte sich in Spanien als Geschäftsmann, gründete in Madrid ein Unternehmen mit dem Namen „Dimat" und pflegte zahlreiche geschäftliche Kontakte nach Lateinamerika, die vermutlich auf seinen alten Nazi-Netzwerken beruhten. Wie aus einem Privatarchiv hervorgeht, versuchte er sich u. a. als Vermittler von Import-Exportgeschäften (Fleisch, Holz, Öl) nach Saudiarabien und Südamerika für den oberösterreichischen Brauerei-, Forst- und Gutsbesitzer Max Limbeck-Lilienau.[97] Im Rahmen einer geplanten Südamerikareise von Limbeck-Lilienau im November/Dezember 1976 sollte Soucek ein Treffen mit den südamerikanischen Diktatoren Alfredo Stroessner in Paraguay und Hugo Bantzer in Bolivien einfädeln[98] – ob diese Treffen tatsächlich zustande kamen, geht aus den (fragmentarischen) Unterlagen nicht hervor. Letztendlich scheint die geschäftliche Zusammenarbeit mit Soucek nicht sehr erfolgreich gewesen zu sein, da Limbeck-Lilienau zunehmend ungeduldig auf konkrete Ergebnisse drängte, bevor der Kontakt endgültig abbrach.[99] Soucek selbst reiste wiederholt

---

94 SORBE-Soucek nach Spanien geflüchtet. Er hinterläßt 4 Mill. Schilling Schulden, Neues Österreich, 19. 2. 1963. DÖW, RE 2000/15/044; Neonazi Soucek nach Spanien geflohen, Neue Welt, März 1963; Neonazi Soucek geflüchtet. Er hinterließ 5 Millionen Schilling Schulden und eine „Europabewegung", Volksstimme, 19. 2. 1963. DÖW, RE 2000/15/045 (alle ohne Seitenangaben).

95 Another is deported – jailed in Spain, in: Rand Daily Mail, 3. 7. 1964, enthalten in: Politisches Archiv des Auswärtigen Amtes, BAV 200-PRET/18234. Ich bedanke mich für diesen Hinweis bei Johannes Dafinger.

96 Carlos Collado Seidel, Zufluchtsstätte für Nationalsozialisten? Spanien, die Alliierten und die Behandlung deutscher Agenten 1944–1947, in: Vierteljahrshefte für Zeitgeschichte 43 (1995) 1, 131–157; Joan Cantarero, La Huella de la Bota, Madrid 2010. Für die Hinweise auf die spanischsprachige Literatur bedanke ich mich bei Carlos Collado Seidel, für die Übersetzung Dank an Robert Obermair.

97 Privatarchiv Limbeck-Lilienau, Geschäftsunterlagen und Korrespondenzen. Die Unterlagen wurden mir dankenswerterweise von Christian Limbeck-Lilienau zur Verfügung gestellt.

98 Telegramm von Limbeck-Lilienau an Theodor Soucek, 4. 11. 1976. Privatarchiv Limbeck-Lilienau.

99 Brief von Limbeck-Lilienau an Theodor Soucek, 13. 10. 1976 und 11. 1. 1977. Privatarchiv Limbeck-Lilienau.

in verschiedene, autoritär geführte Länder in Südamerika[100], und auch ein persönliches Treffen mit dem argentinischen Ex-Präsidenten Juan Perón in Madrid ist dokumentiert.[101] Er war offenbar bestens vernetzt und war in den folgenden Jahrzehnten in der rechtsextremen Szene in Spanien und Europa aktiv, wobei die Quellenlage dazu spärlich ist.

Nicht nur für Soucek erwies sich Spanien unter General Franco als sicherer Hafen. Dort lebten viele ehemalige Nationalsozialisten, wie z. B. Gerhard Bremer, Offizier der Waffen-SS und Ritterkreuzträger, der seine Villa in Dènia für Veteranentreffen ehemaliger SS- und Gestapo-Angehörigen zur Verfügung stellte.[102] Auch der belgische SS-Offizier León Degrelle, der wegen Kriegsverbrechen zum Tode verurteilt worden war, konnte in Spanien seine neonazistischen Aktivitäten ungestört fortsetzen.[103] Er stand in Kontakt mit dem Österreicher Otto Skorzeny, ebenfalls Offizier der Waffen-SS, der bei den Dachauer Prozessen wegen Kriegsverbrechen angeklagt und freigesprochen worden war.[104] Nachdem er 1948 vor einer weiteren drohenden Verurteilung nach Spanien fliehen konnte, war er einer der aktivsten Altnazis, der nicht nur in der NS-Fluchtorganisation nach Lateinamerika tätig war, sondern auch in der rechtsextremen Szene Europas eine entscheidende Rolle spielte. Skorzeny war unter anderem in der 1966 gegründeten rechtsextremen Organisation Cedade (Circulo Espanol de Amigos de Europa, d. h. Zirkel der spanischen Freunde Europas) aktiv. Die Cedade galt bis zu ihrer Auflösung im Jahr 1994 als die einflussreichste Naziorganisation in Spanien, die neben spanischen Anhängern Francos und Militaristen auch ausländische Mitglieder, u. a. ehemalige Angehörige der SS und Gestapo, vereinte.[105]

Geleitet wurde die Cedade von Pedro Varela, einem Holocaust-Leugner und Betreiber der neonazistischen „Buchhandlung Europas" in Barcelona, der über Jahrzehnte hinweg NS-Literatur, rassistische Hetzschriften und heroisierende Bücher über die SS publizierte. Es gibt einige Hinweise, dass Theodor Soucek Varela kannte und sich in diesen rechtsextremen Zirkeln bewegte. Er war an deutschsprachigen Publikationsprojekten Varelas, unter anderem an der einschlägigen Zeitschrift *Sieg*, beteiligt und soll auch Handbücher für den Unter-

---

100 Telegramm von Theodor Soucek an Max Limbeck-Lilienau, 4. 1. 1977. Privatarchiv Limbeck-Lilienau.
101 Foto in Soucek, Mein Richter, 17.
102 Florian Osuch, Paradies für Kriegsverbrecher, in: AG Friedensforschung, URL: http://www.ag-friedensforschung.de/regionen/spanien/nazis.html (abgerufen 27. 10. 2022).
103 Ebd.
104 Vgl. Thomas Riegler, „The most dangerous man in Europe"? Eine kritische Bestandsaufnahme zu Otto Skorzeny, in: JIPSS 11 (2017) 1, 15–61.
105 José L. Rodriguez Jiménez, Antisemitism and the Extreme Right in Spain (1962–1977), in: SICSA, The Vidal Sassoon International Center for the Study of Antisemitism, Hebrew University of Jerusalem, 2005, URL: https://web.archive.org/web/20130926151250/http://sicsa.huji.ac.il/15spain.html (abgerufen am 27. 10. 2022).

grundkampf, die die SS Ende des Zweiten Krieges für sogenannte „Werwolf"-Aktivitäten vorgesehen hatte, ins Spanische übersetzt haben.[106] Soucek betrieb (mit dem Namen seiner Ehefrau Dorit) außerdem einen Radiosender namens „Südstern Radio Alemana, S.L.".[107] Auch der österreichische Rechtsextremist Gerd Honsik war Anfang der 1990er Jahre vor einer drohenden Haftstrafe wegen „NS-Wiederbetätigung" nach Spanien geflüchtet und lebte bis zu seiner Auslieferung nach Österreich 2007 an der Costa del Sol. Aufgrund der räumlichen, aber auch ideologischen Nähe ist davon auszugehen, dass sich die beiden Österreicher kannten. So soll Soucek 2006 bei einer Buchpräsentation von Honsik in Madrid öffentlich aufgetreten sein und dort einmal mehr den Holocaust geleugnet haben.[108]

Soucek blieb bis ins hohe Alter politisch aktiv und ein unbelehrbarer Nationalsozialist. Im Jahr 2001 erschien in einem schwedischen Verlag seine autobiografische Schrift „Mein Richter, mein Henker", die er bereits in den 1950er Jahren verfasst hatte und die ihren Schwerpunkt auf der unmittelbaren Nachkriegszeit hatte. Allein die einleitende Widmung legt bereits die Zielrichtung des Buches offen:

> „Gewidmet den Opfern des einzigen totgeschwiegenen Völkermordes der Weltgeschichte, der von einer gekauften Zeitgeschichtsschreibung seit 1945 in ‚Befreiung' umgefälscht wird: Den 6,35 Millionen zivilen Opfern des deutschen Volkes, die […] durch organisierte Massenvergewaltigungen, Erschießungen […] im Zuge der größten ethnischen Säuberung der Weltgeschichte und in tausenden Schauprozessen der Alliierten ermordet worden sind."[109]

Im Buch finden sich selbstheroische Beschreibungen seiner NS-Fluchthilfe nach 1945 bis hin zu kruden pseudowissenschaftlichen Ausführungen zur Atomforschung, wobei er sich als verkanntes Genie und verhinderter Nobelpreisträger stilisiert. Vor allem aber enthält die autobiographische Schrift (wie bereits in seinem Europa-Buch) sämtliche NS-verherrlichende bzw. verharmlosende, antisemitische Narrative, wie man sie auch aus anderen rechtsextremen Machwerken kennt. Über seine letzten Lebensjahre bis zu seinem Tod 2010[110] gibt es kaum Hinweise, was die zunehmende Bedeutungslosigkeit dieses unbelehrbaren Nationalsozialisten und Rechtsextremisten exemplarisch unterstreicht.

---

106 Osuch, Paradies; Jimenez, Antisemitism.
107 José Manuel Portero, Nazis en la Costa del Sol, Cordoba 2021, 219.
108 Ebd.
109 Soucek, Mein Richter, Widmung (ohne Seitenangabe).
110 Portero, Nazis en la Costa del Sol, 219.

VIII. Fazit: Vom Altnazi zum Europäer und retour?

Theodor Soucek kann als überzeugter Nationalsozialist eingeordnet werden, der sich nach Kriegsende den neuen politischen Gegebenheiten zunächst nicht angepasst hat, sondern in den Untergrund ging und durch seine Fluchthilfe für schwer belastete NS-Täter und Kriegsverbrecher weiterhin im Dienste des Nationalsozialismus tätig war. Er wurde deswegen angeklagt und sogar zum Tode verurteilt, profitierte dann aber sehr bald von der österreichischen Begnadigungspolitik ohne wesentliche politische Abstriche machen zu müssen. Mitte der 1950er Jahre wurde Soucek im Kontext des erstarkenden Rechtsextremismus in Österreich wieder politisch aktiv. Seine politischen Aktivitäten lassen ein temporäres Bemühen erkennen, sich zumindest ansatzweise den neuen politischen Gegebenheiten anzupassen: Zum einen durch seine Annäherungsversuche an die FPÖ, worin er offenbar eine Möglichkeit sah, in der österreichischen Politik mitzumischen – was sich jedoch bald als Trugschluss herausstellte; zum anderen durch seine auf die Nachkriegssituation adaptierten Europa-Vorstellungen und die Gründung der Sozialorganischen Bewegung Europas (SORBE), womit er letztendlich ebenfalls scheiterte. Nach dem Verbot der SORBE setzte sich Soucek wie viele andere unbelehrbare NationalsozialistInnen nach Franco-Spanien ab und war weiterhin maßgeblich im europäischen Rechtsextremismus involviert.

Die Bedeutung von Theodor Soucek liegt nicht vorrangig in seiner Person begründet, vielmehr steht er als politischer Akteur exemplarisch für einen bestimmten Teil des österreichischen Rechtsextremismus nach 1945 – und dies in zweifacher Hinsicht.

Zum einen veranschaulicht der Fall Soucek exemplarisch temporäre Berührungspunkte und Verflechtungen österreichischer rechter Parteien (VdU, FPÖ) mit dem außerparlamentarischen Rechtsextremismus. Vor allem die seit 1956 durchgehend im Parlament vertretene FPÖ fungierte für etliche „Ehemalige" als erste Anlaufstelle ihrer neuerlichen politischen Ambitionen. So auch für Soucek, der nach seinen aufgedeckten illegalen (neo)nazistischen Aktivitäten und seiner Begnadigung parteipolitisch an die FPÖ anzudocken versuchte. Er war damit keineswegs ein Einzelfall. Etliche andere „gesinnungstreue" NationalsozialistInnen hatten zunächst in der FPÖ Platz gefunden und dort auch Karriere gemacht, ehe sie später vorrangig in rechtsextremen Randgruppen aktiv waren. Einschlägig bekannte Namen wie Fritz Stüber, Stefan Schachermayr, Herbert Schweiger, Norbert Burger und Otto Scrinzi können als solche Grenzgänger zwischen dem VdU bzw. der FPÖ und dem außerparlamentarischen Rechtsextremismus genannt werden. Wie aufgezeigt wurde, fanden die Annäherungsversuche von Soucek in der FPÖ-Führung wenig Anklang. Die Skepsis von Seiten der FPÖ gegenüber Soucek und seinesgleichen war allerdings weniger ideologisch begründet, vielmehr gab es durchaus inhaltliche Überschneidungen und

Anknüpfungspunkte (auch was die Europa-Vorstellungen betrifft), sondern es ging vor allem um strategische Differenzen, persönliche Animositäten und politische Konkurrenz.

Zum anderen steht der Fall Soucek exemplarisch für all jene NationalsozialistInnen, die nach der „Niederlage" versuchten, Elemente der NS-Ideologie in etwas modifizierter Form durch die Verlagerung auf die europäische Ebene „hinüberzuretten", wobei sie durchaus auf nationalsozialistische Europakonzepte zurückgreifen konnten. Gleichzeitig wollte man auf diese Weise nach 1945 eine neue paneuropäische rechte Bewegung begründen. Soucek war einer der wenigen rechten politischen Akteure in Österreich, für den die Europafrage zur zentralen politische Agenda nach 1945 wurde. Der von ihm organisierte Europa-Kongress in Salzburg 1957 war ein Versuch, die europäische extreme Rechte zu (re)organisieren und transnationale Netzwerke zu knüpfen, als deren fixer Bestandteil auch Soucek gelten kann. Auch wenn seine Zeitschrift *Europaruf* und seine Europa-Partei SORBE letztendlich kläglich gescheitert sind, setzte Soucek nach seiner Flucht ins Ausland seine politischen Aktivitäten vom sicheren Franco-Spanien aus fort. Die von Soucek propagierten Europa-Ideen konnten sich zwar inhaltlich nicht durchsetzen, aber in organisatorischer Hinsicht ist Soucek und seinen alten NS-Kameraden die Vernetzung der extremen Rechten auf europäischer Ebene weitgehend geglückt.

Im Falle von Soucek sind seine, ohnehin nur halbherzig betriebenen Anpassungs- und Transformationsversuche in den 1950er Jahren als misslungen einzuschätzen. Er blieb Zeit seines Lebens dem Nationalsozialismus bzw. Rechtsextremismus verhaftet und es überwiegen die ideologischen Kontinuitäten in seiner Biografie. Die im Titel des Beitrags zugespitzt formulierte Frage „Vom Altnazi zum Europäer?" kann also nur eine rhetorische sein und müsste zumindest mit einem „und retour" ergänzt werden. Alles in allem verkörpert Soucek exemplarisch jene „unbelehrbaren" NationalsozialistInnen, die ihre ideologischen Überzeugungen auch nach 1945 nicht ablegten, sondern sie weiter in verschiedenen Kontexten politisch umgesetzt haben. Er kann somit als typischer Vertreter des „traditionellen", neonazistisch orientierten Rechtsextremismus in Österreich nach 1945 eingeordnet werden.

Darius Muschiol

„Das bewußte Überdecken dieses Raumes mit fremder Kultur und fremden Menschen". Die Bedeutung des Südtirol-Konfliktes für den deutschen und österreichischen Rechtsextremismus

I.   Einleitung

> „Südtiroler Mädchen! Besinne Dich Deines Volkstums und verschmähe jedes Ver-
> hältnis mit den welschen Verführern! Sie werden Dir zum Verhängnis und zerstören
> Deine Zukunft! Mischehen bedeuten Volkstod!"[1].

Appelle wie diese waren für zeitgenössische BeobachterInnen ein Beleg dafür,
dass sich der Südtirol-Konflikt keineswegs nur um die Frage drehte, wie autonom
Südtirol nach dem Zweiten Weltkrieg im Rahmen des italienischen Staates sein
sollte. Aus ihnen war ein erhebliches Maß an chauvinistischer Deutschtümelei,
an völkischem Rassismus und revisionistischem Pangermanismus aufseiten der
Südtiroler AkteurInnen herauszulesen. Daran anknüpfend wurde auf der Ebene
der italienischen Diskurse die gesamte Autonomiebewegung oft pauschal als
neonazistisch gebrandmarkt. Diesem überzogenen Vorwurf standen auf deutscher Seite beschönigende Ausführungen gegenüber, die unkritisch vom „Freiheitskampf" eines „unterdrückten Volkes" sprachen. Zwischen diesen polari-
sierenden Positionen gingen um Sachlichkeit bemühte Darstellungen von JournalistInnen, WissenschaftlerInnen und ZeitzeugInnen beinahe unter.

Was nahezu alle Darstellungen einte, war, dass sie die Rolle rechtsextremer
Akteure[2] im Konflikt um Südtirol ausschließlich daraufhin untersuchten, welche
Folgen deren Aktivitäten für den Konflikt selbst gehabt hatten. Immer wieder
wurde darüber debattiert, inwieweit diese rechtsextremen Kräfte den gesamten
Konflikt dominierten, ab bzw. zu welchem Zeitpunkt und mit welchem Erfolg sie
auftraten. Daran knüpfte die Frage an, ob die Beteiligung rechtsextremer Akteure im Kampf um die Selbstbestimmung die gesamte Bewegung desavouierte.

---

1 Flugblatt des „Befreiungsausschuss Südtirol" (BAS), abgedruckt in: Rolf Steininger, Südtirol
  zwischen Diplomatie und Terror, Band 2: 1960–1962 (Veröffentlichungen des Südtiroler
  Landesarchivs 7), Bozen 1999, 441.
2 Da es sich beim rechtsextremen Teil des Südtirol-Terrorismus (soweit bekannt) ausschließlich
  um ein männliches Phänomen handelte, wird im Kontext jener Akteure auf gendergerechte
  Sprache verzichtet.

Außerdem wurde diskutiert, ob und inwiefern die gemäßigteren Teile der Autonomiebewegung Verantwortung trügen für die gewaltsamen Aktionen der rechtsextremen Kräfte, ob sie die Aktionen (nachträglich) legitimiert und ob sie damit historische „Schuld" auf sich geladen hätten.

Beitrage, die die Thematik zumindest teilweise mit der Bedeutung für die rechtsextreme Szene Österreichs und Deutschlands selbst verknüpften und nach entsprechenden Rückwirkungen fragten, blieben Ausnahmen.[3] Die deutschsprachige Rechtsextremismus- bzw. Terrorismusforschung klammerte die Thematik des Südtirol-Terrorismus weitgehend aus.[4] Dass bundesdeutsche Akteure schon vor den 1970er Jahren eine Rolle im (transnationalen) Rechtsterrorismus spielten, wurde lange vollständig übersehen. Die Frage des (terroristischen) Rechtsextremismus im Südtirol-Konflikt bildet daher eine Forschungslücke, da entsprechende Zusammenhänge, die Aus- und Nachwirkungen auf die rechtsextreme Szene (und insbesondere den terroristischen Teil hiervon) selbst bisher wenig Beachtung fanden.

In diesem Beitrag soll daher analysiert werden, welche Bedeutung der Konflikt für die rechtsextreme Szene Österreichs und Deutschlands hatte. Zunächst soll die praktische transnationale Zusammenarbeit von Österreichern und Bundesdeutschen in Italien in den 1960er Jahren in Umrissen nachvollzogen werden. Anschließend wird nach den sich aus dem Konflikt ergebenden Auswirkungen auf die österreichische und bundesdeutsche Rechtsextremismusszene gefragt. Schließlich folgt ein Blick auf den Umgang des konservativen Milieus und der Justiz mit dem Südtirol-Terrorismus.

Die folgenden Darlegungen basieren dabei vornehmlich auf der Auswertung von Aktenüberlieferungen in drei staatlichen Landesarchiven, der Archive in Baden-Württemberg, Bayern und Nordrhein-Westfalen. In diesen Bundesländern hatte die Justiz jeweils im Rahmen des Südtirol-Terrorismus ermittelt.

---

3 Vgl. Claus Gatterer, Südtirol und der Rechtsextremismus, in: Rechtsextremismus in Österreich nach 1945, hg. v. Dokumentationsarchiv des österreichischen Widerstandes, Wien 1981 (5. überarbeitete und ergänzte Auflage), 250–269; Bernhard Weidinger, „Im nationalen Abwehrkampf der Grenzlanddeutschen". Akademische Burschenschaften und Politik in Österreich nach 1945, Wien 2015; Leopold Steurer, Südtirol und der Rechtsextremismus. Über „Urangst"-Politik, Geschichtsrevisionismus und rechte Seilschaften, in: Günther Pallaver/ Giorgio Mezzalira (Hg.), Der identitäre Rausch. Rechtsextremismus in Südtirol/Ubriacatura identitaria. L'estrema destra in Alto Adige, Bozen 2019, 115–153.

4 Friedhelm Neidhardt, Linker und rechter Terrorismus. Erscheinungsformen und Handlungspotentiale im Gruppenvergleich, in: Wanda von Baeyer-Katte u. a., Gruppenprozesse (Analysen zum Terrorismus 3), Opladen 1982, 434–476; Bernhard Rabert, Links- und Rechtsterrorismus in der Bundesrepublik Deutschland von 1970 bis heute, Bonn 1995; Sebastian Gräfe, Rechtsterrorismus in der Bundesrepublik Deutschland: Zwischen erlebnisorientierten Jugendlichen, „Feierabendterroristen" und klandestinen Untergrundzellen, Baden-Baden 2017; Barbara Manthe, Ziele des westdeutschen Rechtsterrorismus vor 1990, in: Wissen schafft Demokratie 06/2019 (Schriftenreihe des Instituts für Demokratie und Zivilgesellschaft), 30–39.

II.   Grenzüberschreitende Zusammenarbeit

Die Ursprünge der bundesdeutschen-österreichischen Zusammenarbeit im Kontext des Südtirol-Konfliktes lassen sich vermutlich bis zu den sogenannten Lippoldsberger Dichtertagen zurückverfolgen. Bereits bei jenem rechtsextremen Szenetreffen kamen im Sommer 1961 das Thema Südtirol und denkbare, entsprechende Kooperationen zur Sprache. Spätestens jedoch an Pfingsten 1962 entwickelte sich „eine Art rechtsradikales Joint Venture", wie es der Journalist Christoph Franceschini nannte.[5] Auf einem Zeltlager, organisiert vom Kameradschaftsring nationaler Jugendverbände (KNJ), habe man unter der Parole „Berlin hilft Südtirol – Südtirol hilft Berlin" gegenseitige Unterstützung vereinbart. Die (personellen) Hintergründe dieser Kooperation sind jedoch äußerst verworren.

Österreicher und Bundesdeutsche begingen in Italien und der DDR Anschläge, um zu verhindern, „daß diese Unrechtsgrenzen, ob nun durch Berlin oder durch Tirol, nicht auch zu Grenzen in unseren Herzen werden"[6], wie es der Österreicher Norbert Burger, Mitbegründer der österreichischen Nationaldemokratischen Partei (NDP), noch 1980 in der rechtsextremen *Deutschen National-Zeitung* formulierte. Burger (geb. 1929) war 1945 noch als Freiwilliger am Zweiten Weltkrieg beteiligt gewesen und wurde in der zweiten Hälfte des 20. Jahrhunderts zu einem zentralen Akteur im österreichischen Rechtsextremismus: So war Burger nicht nur bei der Freiheitlichen Partei Österreichs (FPÖ) und später (führend) bei der NDP aktiv, sondern ebenso in rechten Burschenschaften bestens vernetzt.[7] Er selbst trug seit Mitte der 1950er Jahre einen Doktortitel, der auf eine Arbeit an der Universität Innsbruck mit dem Titel „Die italienische Unterwanderung Deutsch-Südtirols"[8] zurückging. Neben Burger erkannte auch der bundesdeutsche Rechtsextremist Herbert Kühn „zwischen der Abtrennung Südtirols und der durch den Krieg verursachten Teilung Deutschlands" Parallelen, sodass das Landgericht Köln Jahre später über ihn festhielt:

> „In Südtirol bestand nach seinem Eindruck eine Art von Fremdherrschaft, die er mit der durch den Zweiten Weltkrieg in Mittel- und Ostdeutschland verursachten Lage verglich. Er kam zu der Auffassung, daß die politischen Verantwortlichen nicht in der Lage seien, Abhilfe zu schaffen, und fürchtete, die Teilung Deutschlands und die Abtrennung

---

5 Christoph Franceschini, Segretissimo – Streng geheim! (Südtirol im Fadenkreuz fremder Mächte 2), Bozen 2021, 83. Das folgende Zitat ebd.

6 Norbert Burger, zit. n.: Das deutsche Vaterland im Herzen bewahren. Interview mit Präsidentschaftskandidat Dr. Burger, Deutsche Nationalzeitung, 2.5.1980, 9.

7 Vgl. Handbuch des österreichischen Rechtsextremismus, hg. v. Stiftung Dokumentationsarchiv des österreichischen Widerstandes, Wien 1993, 291.

8 Ebd.

Südtirols könne ein Dauerzustand werden. Dem mußte sich nach Auffassung des Angeklagten ‚jeder gute Deutsche und Österreicher widersetzen‘“[9].

Kühn tat dies, indem er im Herbst 1962 an einer Fahrt nach Italien teilnahm, deren Zweck die Ausübung von Sprengstoffanschlägen war. Den Sprengstoff hatte man möglicherweise zuvor bei einem Einbruch in ein Bundeswehrdepot bei Ingolstadt erlangt. Beteiligt war wohl auch der österreichische Rechtsextremist Peter Kienesberger (geb. 1942), der in den 1960er Jahren eng in den Südtirol-Terrorismus verstrickt war und seit Anfang der 1970er Jahre von Nürnberg aus den rechtsextremen „Buchdienst Südtirol" leitete.[10] So hatte mutmaßlich Kienesberger zwei Mitglieder des fränkischen Ablegers des „Bundes Heimattreuer Jugend" (BHJ) dazu gebracht, Sprengmaterialien zu entwenden. Einer der überführten Bundeswehrangehörigen gab gegenüber einem Kameraden an, „daß der Sprengstoff für Südtirol bestimmt sei und daß der BHJ die ‚Rückgliederung Südtirols an Deutschland' anstreben würde."[11]

Mitte Oktober 1962 machten sich Kühn, der bundesdeutsche Fritz Bünger und dessen Bruder Heinrich Bünger vom Kölner Hauptbahnhof aus gemeinsam auf den Weg über die Alpen. In Innsbruck schloss sich Kienesberger der Gruppe an, und in einer nahegelegenen Skihütte wurden dann konkrete Pläne für Anschläge diskutiert. Der Vorschlag Kienesbergers, „den Kommandanten der Carabinieri von Bozen wegen des Verhaltens gegenüber Südtirolern zu liquidieren"[12], fand bei seinen Kampfgefährten keine Zustimmung. Sie wollten im Gegensatz zu Kienesberger angeblich – wie später im Urteil des Landgerichtes Köln festgehalten wurde – Menschenleben schonen. Man einigte sich schließlich darauf, „Sprengsätze in Gepäckaufbewahrungsstellen von Bahnhöfen" zu deponieren. Dabei wurde Gewaltwissen weitergegeben: Kienesberger hatte bereits in den Jahren zuvor für den Befreiungsausschuss Südtirol (BAS) an Sprengstoffaktionen teilgenommen und konnte nun seine Kenntnisse an die Gebrüder Bünger sowie an Kühn weitergeben.[13]

Am 19. Oktober fuhr man von Bozen nach Verona, wo man einen Koffer mit einem Sprengsatz bei der Gepäckaufbewahrungsstelle aufgab.[14] Anschließend wiederholte man den Vorgang in Trient. Außerdem entschied man sich auf Vorschlag Kienesbergers dazu, eine Sprengladung an einer Schule in Bozen zu

---

9 Landgericht Köln, Urteil, 29. 5. 1980. Landesarchiv NRW (LArch NRW)/Abteilung Rheinland (AR), Ger_Rep_0248_00395-Bd.01, 10–11.

10 Vgl. Verfassungsschutzbericht Bayern 2001, hg. v. Bayrischen Staatsministerium des Innern, München 2002, 63.

11 Bayerisches Landeskriminalamt, vorläufiger Schlussbericht v. 24. 09. 1964. Staatsarchiv München (StA München), Staatsanwaltschaft 30717/3, 355.

12 Landgericht Köln, Urteil, 29. 5. 1980. LArch NRW/AR, Ger_Rep_0248_00395-Bd.01, 38.

13 Vgl. ebd., 39.

14 Vgl. ebd., 43.

platzieren, da „Schüler dieser Schule [...] gegen Sprengstoffexplosionen in Südtirol demonstriert" hätten. Dieser Sprengsatz wurde rechtzeitig entdeckt, sodass niemand zu Schaden kam. Anders bei den Sprengsätzen von Trient und Verona: Der Sprengsatz in Trient verursachte nach einer Explosion Sachschaden, und letzterer hatte gar tödliche Folgen. Wegen „eines Funktionsfehlers der Zeitzündvorrichtung"[15] explodierte der Sprengsatz statt – wie geplant – nachts erst am darauffolgenden Nachmittag. Mindestens vierzehn Menschen erlitten teils schwere Verletzungen und der italienische Bahnbedienstete Gaspare Erzen wurde tödlich verletzt. Die Attentäter-Gruppe traf sich vor ihrer Rückreise nach Deutschland in Innsbruck noch mit Norbert Burger,[16] der sie laut Ermittlungsergebnis der deutschen Behörden für ihre Anschläge lobte.[17]

Die österreichisch-bundesdeutsche Zusammenarbeit wurde im Anschluss auch in Berlin weitergeführt. Kühn gab gegenüber den Ermittlern später an, „daß er von Fritz Bünger erfahren habe, daß dieser sich am 30.12.1962 unter der Losung ,Berlin hilft Südtirol – Südtirol hilft Berlin' an einem Sprengstoffanschlag auf das Haus der Deutsch-Sowjetischen Freundschaft in Ost-Berlin beteiligt hätte."[18] Auch Peter Kienesberger hatte den Ermittlungsunterlagen zufolge bei dem Anschlag mitgewirkt.[19] Zuvor hatte wohl ein Treffen der Österreicher Burger und Kienesberger sowie der bundesdeutschen Studenten Hans-Jürgen Bischoff und Fritz Bünger am 11. und 12. Dezember 1962 in München stattgefunden. Bischoff war Mitglied der Studentenverbindung Vandalia-Teutonia, und er war dort offenbar auf die Südtirol-Thematik aufmerksam geworden.[20] Ihm wurde ein Anschlag auf das sowjetische Intourist-Reisebüro in West-Berlin am 6. März 1963 zugeschrieben.[21] Wenige Tage später kam er – vermutlich beim Hantieren mit Sprengstoff – bei einer Explosion in seiner West-Berliner Wohnung ums Leben. Die Polizei stellte später zahlreiche Waffen und Sprengmaterialien sicher.[22] Letztere stammten laut westdeutschem Bundeskriminalamt aus Österreich, wo sie von Kienesberger und anderen gestohlen und über Burger an Bischoff weitergeleitet worden seien.[23]

---

15 Ebd., 49.
16 Vgl. ebd., 59.
17 Vgl. Der Polizeipräsident Köln, Bericht, 29.7.1964. LArch NRW/AR, Ger_Rep_0248_00409_0151, 151.
18 Staatsanwaltschaft Köln, Anklageschrift, 30.8.1976. LArch NRW/ AR, Ger_Rep_0334_00236. 83–84. So auch die Erkenntnis des Bayrischen Landeskriminalamts.
19 Vgl. Bayerisches Landeskriminalamt, Zwischenbericht zum Ermittlungsverfahren, 6.4.1964. StA München, Staatsanwaltschaft 30717/1, 13.
20 Vgl. Spuren ins Nichts, DER SPIEGEL 13/1963, 26.3.1963, URL: https://www.spiegel.de/poli tik/spuren-ins-nichts-a-827d2bca-0002-0001-0000-000045142848 (abgerufen 13.12.2022).
21 Vgl. ebd.
22 Vgl. Die Sprengstoffanschläge in Westberlin, Neue Zürcher Zeitung, 21.03.1963, 2.
23 Vgl. Franceschini, Segretissimo – Streng geheim!, 83.

Im April 1963 wiederum führten Kühn, Fritz Bünger, der bundesdeutsche Klaus Goebel sowie ein unbekannt gebliebener weiterer Akteur erneut Anschläge in Norditalien durch.[24] Durch die Festnahme Kühns in der DDR (er hatte in Ost-Berlin Ende Juni 1963 Anschläge verübt)[25] und Ermittlungsverfahren gegen die weiteren Beteiligten in der Bundesrepublik wurden die terroristischen Aktivitäten dieser Akteure unterbunden, doch wirkte ein Kreis um Norbert Burger weiter. So war Burger mittlerweile, genauer im Februar 1963, in die Bundesrepublik geflohen, und hatte sich dadurch den italienischen und österreichischen Strafverfolgungsbehörden entzogen. In München baute er dann eine regelrechte Terrorzentrale auf. Er versammelte „einen Kreis von Personen in einer straffen Organisation um sich […], deren Gesamtumfang, Zusammensetzung und etwaige Querverbindungen infolge ihrer streng konspirativen Arbeitsweise noch nicht eindeutig zu klären waren"[26], wie die Staatsanwaltschaft Stuttgart festhielt.

Viele Fragen sind bis heute offen. Beteiligte Personen und konkrete Aktivitäten bleiben vielfach im Dunkeln. Die verfügbaren Akten erlauben aber zumindest einen genaueren Blick auf einzelne Aktionen und die daran beteiligten Personen rund um den sogenannten Burger-Kreis.

Zentrale Figur neben Burger war laut Ermittlungsergebnis Rigolf Hennig, ein Augsburger Assistenzarzt. Daneben gab es mit den beiden österreichischen Studenten Josef Zinkl und Peter Wittinger zwei Personen, die vornehmlich als Verbindungsleute zwischen Burger und neu angeworbenen Aktivisten fungierten, denn Burger versuchte von München aus „mit rechtsextremen Kreisen der Bundesrepublik Kontakte aufzunehmen und dort Anhänger zu werben, die zu aktiver Mitwirkung bereit"[27] waren. Die Voraussetzungen hierfür waren gut, wohnten Zinkl, Wittinger und mitunter wohl auch Burger selbst doch im Burschenschaftshaus der Danubia in München.[28] Burger besaß in München zudem eine „konspirative Wohnung"[29].

Die Anwerbungsversuche Zinkls führten Ende Oktober 1963 zur Kontaktaufnahme mit dem bundesdeutschen Ulrich Becker, über dessen rechtsextreme politische Einstellung er informiert war. Zinkl kam gleich zur Sache: Becker solle

---

24 Vgl. Landgericht Köln, Urteil, 29.5.1980. LArch NRW/AR, Ger_Rep_0248_00395-Bd.01, 60–73.
25 Vgl. ebd., 74.
26 Staatsanwaltschaft bei dem Landgericht Stuttgart, Anklageschrift, 15.6.1964. Hauptstaatsarchiv Stuttgart (HStA Stuttgart), EA 4/403_Bue 1191, 1191, 90.
27 Ebd., 90.
28 Vgl. Die 5 a Strafkammer des Landgerichts München I, Urteil, 26.2.1965. StA München, Staatsanwaltschaft 30717/4, 569 und 572; Bayerisches Landeskriminalamt, Stand der Ermittlungen, 6.4.1964, StA München, Staatsanwaltschaft 30717/1, 14.
29 Bayer. Landeskriminalamt, Ermittlungsverfahren, 27.1.64. HStA Stuttgart, EA 4-403_Bue 1191, 30.

in Italien Anschläge verüben, „um auf diese Weise ‚etwas für Südtirol zu tun.'"[30] Becker erklärte seine Bereitschaft und sagte überdies auch gleich zu, „den ihm bekannten 20 Jahre alten Joachim Dunkel aus Stuttgart zur Mitarbeit zu gewinnen." Anfang November begaben sich die neu angeworbenen Gesinnungsgenossen Becker und Dunkel in das schweizerische Chiasso an der Grenze zu Italien, wo man mit Burger und Wittinger zusammentraf. Burger zeigte den beiden Bundesdeutschen den mitgeführten Sprengstoff und „unterwies Becker und Dunkel in der technischen Handhabung des Sprengmaterials und in der Sprengung von Hochspannungsmasten."[31] Auch erläuterte er nun genauer den Plan, der recht schlicht angelegt war: In der Nacht sollten die in Sichtweite stehenden Hochspannungsmasten auf italienischer Seite gesprengt werden. Weil es dann aber nicht gelang, den Sprengstoff über die Grenze zu transportieren, wurde das Unternehmen abgeblasen.

Doch schon auf der Rückfahrt wurden neue Aktionen erörtert: Burger, die zentrale Führungsfigur im rechtsextremen Südtirol-Terrorismus, trug Becker auf, am 9. Dezember, dem Beginn des Mailänder Prozesses gegen „Südtiroler Freiheitskämpfer", in einem speziellen Gebiet in der Lombardei Hochspannungsmasten in die Luft zu sprengen und zwar mit einem von Becker erst noch anzuwerbenden „neuen Mann". Zudem sollte – von anderen Aktivisten – „durch Aktionen vor Weihnachten der Zugverkehr in Italien lahmgelegt oder nachhaltig gestört werden". Als „neuen Mann" konnte Becker Hartmut Miller gewinnen, „den er von der Wiking-Jugend her kannte"[32]. Die beiden fuhren am 5. Dezember von Marbach/Neckar los, um die ihnen aufgetragenen Sprengungen durchzuführen, wurden jedoch noch in Baden-Württemberg von der Polizei verhaftet.[33]

Damit kamen Ende 1963/Anfang 1964 die transnationalen Aktivitäten des Burger-Kreises (vorerst) zum Erliegen. Ob und in welcher Personenkonstellation der Burger-Kreis in den folgenden Jahren an weiteren, auch tödlichen Anschlägen insbesondere auf italienische Carabinieri beteiligt war, ist bis heute nicht vollständig aufgeklärt.[34]

---

30 Landgericht Stuttgart, Urteil, 8.9.1964. HStA Stuttgart, EA 4/403_Bue 1191, 107.
31 Ebd, 108.
32 Ebd., 109.
33 Vgl. ebd., 110.
34 Die zahlreichen unaufgeklärten Anschläge sind aufgeführt bei: Hans Karl Peterlini, Südtiroler Bombenjahre. Von Blut und Tränen zum Happy End?, Bozen 2005 sowie Hubert Speckner, Von der „Feuernacht" zur „Porzescharte". Das „Südtirolproblem" der 1960er Jahre in den österreichischen sicherheitsdienstlichen Akten, Wien 2016.

III. Der Südtirol-Terrorismus als strategische und ideologische Blaupause

Welche Folgen hatte der Südtirol-Terrorismus des Burger-Kreises nun für die rechtsextreme Szene? Für den terroristischen Teil waren sie jedenfalls äußerst weitreichend.

1. Transfer von Gewaltwissen

So führten die Südtirol-Terroristen mit dem Buch „Der totale Widerstand. Kleinkriegsanleitung für jedermann" eine Lektüre in die Szene ein, die fortan zahlreiche bundesdeutsche Akteure der zwei folgenden Phasen des Rechtsterrorismus vor 1990 (1968 bis 1972 und 1977 bis 1982) beeinflussen sollte.[35] Verfasser dieser Schrift, die 1957 erstmals vom Schweizerischen Unteroffiziersverband herausgegeben wurde, war der Schweizer Militärangehörige Hans von Dach. Das Werk beinhaltete

> „unter Auswertung aller Guerilla- und Partisanenkriege, von den spanischen Guerillas gegen Napoleon bis zu den jüngsten Vorgängen in Osteuropa, eine umfassende Zusammenstellung der Erfahrungen und ihre Übertragung auf schweizerische Verhältnisse. Die Anleitung dient der Vorbereitung des Widerstandes bis zum äußersten, der alle Menschen und Lebensgebiete einer Nation umfaßt."[36]

Zudem hatten nicht weniger als sechs bundesdeutsche Rechtsterroristen(gruppen) entweder Kontakt zu rechtsextremen österreichischen Südtirol-Aktivisten oder orientierten sich darüber hinaus sogar maßgeblich an der (terroristischen) Vorgehensweise südlich des Brenners.

Als im Mai 1970 die Mitglieder der rechtsterroristischen Gruppe Europäische Befreiungsfront (EBF) festgenommen wurden, wurde bekannt, dass die Mitglieder der Organisation geplant hatten, mit der Hilfe von Norbert Burger nach Österreich zu fliehen, um sich dort den Strafverfolgungsbehörden zu entziehen.[37]

Die Mitglieder der 1972 ausgehobenen Nationalsozialistischen Kampfgruppe Großdeutschland (NSKG) standen wiederum offenbar in Kontakt mit einer engen Vertrauensperson Burgers. Dieser österreichische Burger-Vertraute war

---

35 So etwa Mitglieder der Nationalsozialistischen Kampfgruppe Großdeutschland (NSKG), die 1972 ausgehoben wurde, sowie der Hepp/Kexel-Gruppe, die 1983 ausgehoben wurde.
36 Der totale Widerstand, Nidwaldner Volksblatt, 13.7.1957, 2.
37 Vgl. Daniel Koehler, „Glocal Militancy"? Transnational Links of German Far-Right Terrorism, in: Johannes Dafinger/Moritz Florin (Hg.), A Transnational History of Right-Wing Terrorism. Political Violence and the Far Right in Eastern and Western Europe since 1900 (Routledge Studies in Fascism and the Far Right), London/New York 2022, 159–173, 165.

Mitglied der NDP und hatte angeblich eine Entführung des italienischen Generalkonsuls in München geplant.[38]

Auch eine bundesdeutsche Rechtsterrorismusgruppe um Peter Naumann, die 1978 und 1979 Anschläge verübte, hatte eine Beziehung zu Südtirol. Die Gruppe führte unter anderem solche Anschläge durch, die die Ausstrahlung der Fernsehserie „Holocaust" verhindern sollten. Dass dieser terroristische Zusammenschluss dabei ausgerechnet auf die Sprengung von Sendemasten abzielte und damit eine aus dem Südtirol-Terrorismus bekannte Vorgehensweise praktizierte, war wohl kein Zufall. So baute das Gruppenmitglied Jürgen Busch Ende der 1970er Jahre in Frankfurt einen sogenannten Andreas-Hofer-Keller auf, der zum Anziehungspunkt für die Aktivisten der örtlichen Nationaldemokratischen Partei Deutschlands (NPD) wurde.[39] Naumann wiederum gründete 1984 im Rhein-Main-Gebiet den Völkischen Bund (VB). Das von ihm veranstaltete erste Seminar des VB im November 1986 fand unter dem Titel „Der Kampf um Südtirol" statt und wurde, wie die deutschen Ermittlungsbehörden festhielten, „nach konspirativem Anreisemodus abgehalten."[40] Konkreter noch war eine Fahrt von Mitgliedern des VB im April 1987 nach Südtirol, wo Hochspannungsmasten fotografiert wurden, die wohl als potentielle Anschlagsziele dienten. Die Aufnahmen wurden später bei einer Durchsuchung der Wohnung von Naumann von der Polizei sichergestellt.[41]

Noch offensichtlicher zeigte sich der Einfluss des Südtirol-Terrorismus bei deutschen Rechtsextremisten wie Paul Otte. Otte führte Ende der 1970er Jahre eine Gruppierung an, die Anschläge auf die Amtsanwaltschaft in Flensburg und das Amtsgericht in Hannover verübte. In der Schweiz verfügte er über ein Konto mit der Bezeichnung „Stille Hilfe Deutschland", auf das er sich „die Vergütung für Tonbänder und Kassetten von Auslandskunden sowie Spenden überweisen"[42] ließ. In den Akten des Ministeriums für Staatssicherheit der DDR findet sich ein Spendenaufruf eben jener „Stillen Hilfe Deutschland". Daraus lassen sich bemerkenswerte Rückschlüsse ziehen, denn die „Stille Hilfe Deutschland" war eine explizite Anlehnung an die „Stille Hilfe Südtirol" und zwar nicht nur dem Namen nach. Die „Stille Hilfe Südtirol" war eine 1963 gegründete Organisation, die fortan Spendengelder zur Unterstützung von „allen in Not geratenen Angehö-

---

38 Vgl. Bundeskriminalamt, Auswertungsbericht, 13.12.1972. LArch NRW/AR, Ger_Rep_0372_01653, 13.

39 Vgl. Oberlandesgericht Frankfurt am Main, Urteil, 14.10.1988, Hessisches Hauptstaatsarchiv Wiesbaden, hhstaw_461_37480_1, 70.

40 Bundeskriminalamt, Bericht zum Ermittlungsverfahren, 25.3.1988. Bundesarchiv Koblenz (BArch Koblenz), B 362/9016, 21.

41 Vgl. ebd., 59–60; Der Generalbundesanwalt beim Bundesgerichtshof, Abschluß der Ermittlungen, 31.3.1988. Hessisches Hauptstaatsarchiv Wiesbaden, hhstaw_461_37480_1, 120–121.

42 Oberlandesgericht Celle, Urteil, 19.02.1981. BArch Koblenz, B 362/8019, 36.

rigen der deutschen Volksgruppe in Südtirol"[43] sammelte und transferierte. Otte zeigte sich beeindruckt von der Finanzhilfe für Südtirol: „Beachtliche Erfolge sind dort erzielt worden!". Die Organisation müsse „uns als Vorbild dienen!"[44].

Den wirkmächtigsten Einfluss besaß der Südtirol-Terrorismus aber wohl auf Manfred Roeder (geb. 1929). Der ausgebildete Jurist war zunächst als Anwalt tätig, radikalisierte sich jedoch in den 1970er Jahren zunehmend nach rechts und entzog sich Ende des Jahrzehntes durch eine Flucht ins Ausland (unter anderem in den Nahen Osten und nach Amerika) den bundesdeutschen Strafverfolgungsbehörden. 1980 leitete er die von ihm gegründeten „Deutschen Aktionsgruppen" an, eine rechtsterroristische Gruppierung, die unter anderem den Tod von zwei vietnamesischen Geflüchteten, Nguyễn Ngọc Châu und Đỗ Anh Lân, zu verantworten hat.[45] Als Roeder mit seinen Gefolgsleuten konkrete Anschläge in Betracht zog, verwies er auf die Sendemasten-Sprengungen in Südtirol als etwaiges Vorbild.[46] Auch in der Bundesrepublik Deutschland könne in diesem Sinne „politisch etwas durchgesetzt, könne Druck auf die Bundesregierung ausgeübt"[47] und könnten somit eigene politische Vorstellungen umgesetzt werden. Roeder, der in den 1960er Jahren möglicherweise selbst aktiv an Anschlägen in Südtirol mitgewirkt hatte, wollte also in den 1980er Jahren explizit die Strategie der „Bumser" wieder aufgreifen.[48]

Das Beispiel der Hepp/Kexel-Gruppe, die 1982 Anschläge gegen in Westdeutschland stationierte US-Streitkräfte verübte, beweist überdies, dass der Südtirol-Terrorismus auch für eine jüngere Generationen von bundesdeutschen Rechtsextremisten von Relevanz war. So pflegte das Gruppenmitglied Walther Kexel Kontakte zur Kameradschaft der ehemaligen Südtiroler Freiheitskämpfer.[49]

2.   Tatmotiv Ausländerhass

Über diese konkreten Bezugnahmen bundesdeutscher Rechtsterroristen auf den Südtirol-Terrorismus hinaus ergaben sich noch weitere Auffälligkeiten. Wenn Roeder vor der Anschlagsserie 1980 von Ausländern sprach, so glich diese Dik-

---

43 Thomas Jehle, Die Auswärtige Kulturpolitik des Freistaats Bayern 1945–1978, München 2018, 282.

44 Stille Hilfe Deutschland. Bundesarchiv Stasi-Unterlagen-Archiv, Ministerium für Staatssicherheit, HA XXII 590, 179.

45 Vgl. Manthe, Ziele, 36.

46 Vgl. Oberlandesgericht Stuttgart, Urteil, 28.6.1982, AZ: 5 - 1 StE 3/81, 69–70.

47 Ebd., 70.

48 Vgl. ebd., 70.

49 Vgl. LKA Hessen, Asservatenauswertung, 27.6.1983, BArch Koblenz, B 362/8454, 36.

tion auf frappierende Weise den Aussagen Burgers im Kontext des Südtirol-Konfliktes. So ging den terroristischen Verbrechen der Deutschen Aktionsgruppen die fixe Idee Roeders voraus, dass die Einwanderung von Asylanten „ein Verbrechen am eigenen Volk" sei. Roeder plädierte für Anschläge auf Asylheime, um „die Asylanten in Angst und Schrecken zu versetzen, sie zur Rückkehr in ihre Heimat zu bewegen, die Öffentlichkeit aufzurütteln und die Regierung unter Druck zu setzen in dem Sinn, daß sich das deutsche Volk deren Ausländerpolitik nicht länger gefallen lasse."[50]

Ähnlich hatte Norbert Burger schon seit den 1960er Jahren argumentiert. Er gab Zeit seines Lebens in Zeitungen, dem Fernsehen und in einem eigenen Buch Auskunft über die gewaltsamen Tätigkeiten südlich des Brenners. Das Buch erschien im Jahr 1966 bzw. in zweiter Auflage 1969 und trug den Titel „Südtirol – wohin?". Burger sprach darin nicht nur von der „Unterwanderung der Südtiroler Heimat" und „italienische[r] Fremdherrschaft"[51]. Er warf auch konkret die Frage auf, ob es in Südtirol zu einem „Volkstod durch Unterwanderung" komme und beantwortete sie im Anschluss eindeutig:

„Die italienische Politik in Südtirol zielte seit 1946 nicht nur darauf ab, das Pariser Abkommen zu entkräften und das deutsche Element in Südtirol zu unterdrücken, sondern erneut auch darauf, es in seinem Bestand zu mindern und die Südtirol-Frage auf diesem Wege einer ‚Endlösung' zuzuführen."[52]

Wenn Burger auf den vom NS-Regime geprägten Ausdruck der „Endlösung" zurückgriff, war dies eine bewusst gewählte Strategie, um Bedrohungsängste zu schüren und damit zugleich den singulären Charakter des Völkermordes an den europäischen Juden und Jüdinnen zu relativieren. Wenige Seiten später wurde Burger noch konkreter:

„Meine Ansicht ist: Völkermord versucht nicht nur, wer Menschen tötet; dieses Verbrechen kann – wie in einer Denkschrift der Südtiroler Volkspartei an die italienische Regierung bereits 1954 gesagt wurde – ‚mit verschiedenen Methoden und Mitteln begangen werden'. Auch die Heimat umschreibt einen Lebenswert, den zu verlieren ein Sterben bedeutet. Heimat ist der Inbegriff aller gewachsenen Wechselbeziehungen einer Menschengruppe mit einem geographischen Raum, den sie in Generationen zu einer Kulturlandschaft gestaltet hat. Das bewußte Überdecken dieses Raumes mit fremder Kultur und fremden Menschen – wie es in Südtirol geschieht – zerstört diese gewachsenen Wechselbeziehungen und entfremdet dem Südtiroler seine Heimat. Der Blick in die Zukunft ist ihm von grauen Schatten verdunkelt."[53]

---

50 Oberlandesgericht Stuttgart, Urteil, 28.6.1982, AZ: 5 – 1 StE 3/81, 129–130.
51 Norbert Burger, Südtirol – Wohin? Ein politisches Problem unserer Zeit – und seine Lösung, Leoni am Starnberger See ²1969, 155.
52 Ebd., 133.
53 Ebd., 138.

Auch für den österreichischen Südtirol-Aktivisten Günter Schweinberger stand noch Jahrzehnte später fest, dass nur die Anschläge des Jahres 1961 die deutsche Volksgruppe in Südtirol vor dem Untergang bewahrt hätten, denn ohne diese Aktivitäten wäre Südtirol „schon längst den ‚Volkstod' gestorben."[54] Diese Ansicht hatte Burger bereits 1963 gegenüber bayrischen Ermittlungsbeamten geäußert und ergänzt: „Wir kamen daher zu der Überzeugung, daß die Zuwanderung nur gestoppt werden könne, wenn die Italiener durch aktive Widerstandshandlungen Angst bekommen u. sich nicht mehr nach Südtirol trauen"[55]. Mit diesen Erläuterungen und der Verwendung der Vokabel vom „Volkstod" deutete Burger den Südtirol-Konflikt als einen Rassenkampf und nutzte ein Narrativ, dass in der extremen Rechten schon lange vor der NS-Zeit vertreten wurde.[56] Der rechtsextreme Südtirol-Terrorismus zielte in seiner pangermanischen Ausrichtung somit nicht nur auf Grenzveränderung, auf einen „Anschluss" oder eine wie auch immer definierte „großdeutsche" Lösung. Bei genauerer Betrachtung der Akteure und ihrer Aussagen stand hinter dem Konflikt vielmehr noch ein weiteres Feindbild, das mit der geopolitischen Zielstellung zwar eng verbunden, aber nicht deckungsgleich war. In Südtirol kämpfte man nicht nur um Grenzverschiebung, sondern ebenso gegen als Eindringlinge gekennzeichnete ItalienerInnen. Der Kreis um Norbert Burger führte also bereits in den 1960er Jahren in Südtirol einen Kampf gegen „Überfremdung" und damit fast zwanzig Jahre, bevor die Deutschen Aktionsgruppen in Westdeutschland Anschläge auf AusländerInnen verübten. Dies wurde von der Öffentlichkeit allerdings kaum wahrgenommen, erst recht nicht die Tragweite für das rechtsextreme Milieu.

Die Ähnlichkeiten der Aussagen Roeders („die Asylanten in Angst und Schrecken zu versetzen, sie zur Rückkehr in ihre Heimat zu bewegen") und Burgers („die Italiener durch aktive Widerstandshandlungen" in „Angst" zu versetzen, damit diese „sich nicht mehr nach Südtirol trauen") waren kaum ein Zufall. Als Roeder im Kontext der Aussage, „mit bloßen Reden und Propaganda sei eine Gesellschaftsform wie in der Bundesrepublik Deutschland nicht mehr zu verändern",[57] auf den Südtirol-Terrorismus als mögliches Vorbild zu sprechen kam, machte er dies offenkundig nicht nur aufgrund der in seinen Augen wohl gelungenen, da nachahmungswürdigen Strategie der „Bumser". Vielmehr konnte er dabei auch inhaltlich an einen Kampf anknüpfen: Nach dem drohenden

---

54 Günter Schweinberger, Südtirol ist nicht Italien, in: Martin Graf (Hg.), 150 Jahre Burschenschaften in Österreich. Gestern – heute – morgen, Graz 2009, 105–121, 118.

55 Bayerisches Landeskriminalamt, Beschuldigten-Vernehmung, 8. 5. 1963. StA München, Staatsanwaltschaft 30717/3, 387.

56 Vgl. Gideon Botsch/Christoph Kopke, „Umvolkung" und „Volkstod". Zur Kontinuität einer extrem rechten Paranoia, Ulm 2019, 13–22.

57 Oberlandesgericht Stuttgart, Urteil, 28. 6. 1982, AZ: 5 – 1 StE 3/81, 69.

„Volkstod" in Südtirol galt es den „Volkstod der Deutschen"[58] in Westdeutschland zu verhindern.[59] Wo Burger 1969 einen „deutsche[n] Befreiungswille[n]"[60] für Südtirol postulierte, kommentierte Roeder nach einem tödlichen Anschlag in Hamburg auf zwei Vietnamesen im August 1980: „Befreiung beginnt"[61]. Die beiden Ermordeten wären in dieser Hinsicht dann nicht die ersten Opfer rassistisch motivierten Rechtsterrorismus von bundesdeutschen Akteuren. Dieser triste Primat fiele vielmehr jenen italienischen Staatsangehörigen zu, die durch rechtsterroristische Akteure aus der Bundesrepublik im Rahmen des Südtirol-Konfliktes getötet wurden. Für Österreich würde dies bedeuten, dass nicht erst die Anschlagserie von Franz Fuchs die ersten Opfer eines von Ausländerhass motivierten Rechtsterrorismus hervorbrachte, sondern bereits der Südtirol-Terrorismus dreißig Jahre zuvor.[62]

Auch die Anschlagserie der Hepp/Kexel-Gruppe in den 1980er Jahren erscheint vor dem Hintergrund der rechtsextremen Aktivitäten in Südtirol in einem anderen Licht. Zwar verübte die Gruppe zum ersten Mal in der Geschichte des bundesdeutschen Rechtsterrorismus Anschläge auf in Deutschland stationierte Angehörige der US-Army.[63] Doch war die dabei zugrundeliegende Ideologie im rechtsextremen Terrorismus seit dem Südtirol-Konflikt bereits eingeführt: Der Hass auf Ausländer bzw. ausländische „Besatzer". Während Burger seinen antiitalienischen Terrorismus in den 1960er Jahren damit legitimierte, dass sich die italienische Regierung nach dem Zweiten Weltkrieg zum Ziel gesetzt habe „das deutsche Element in Südtirol zu unterdrücken", begründete Odfried Hepp seinen antiamerikanischen Terrorismus Anfang der 1980er Jahre mit der Aussage, dass in der Nachkriegszeit „nach unserer Sicht […] das deutsche Volk bis aufs Blut […] bestohlen und ausgebeutet worden"[64] sei. So verfolgte die Hepp/Kexel-Gruppe 1982 ebenfalls das Ziel einen ausländischen Bevölkerungsteil durch Terror in Angst und Schrecken zu versetzen. Bei den unliebsamen AusländerInnen handelte es sich zwar nicht um ItalienerInnen oder „Asylanten", dennoch wird dasselbe Muster erkennbar: Bei ihnen waren es „die amerikanischen Soldaten", die „verunsichert und veranlaßt werden" sollten, „ihre Kaser-

---

58 Ausländer – Gefahr für Deutschland? Sind die Deutschen noch Herr im eigenen Land?, Deutsche Nationalzeitung, 21.3.1980, 6.
59 Zum „Volkstod" vgl. Botsch/Kopke, „Umvolkung" und „Volkstod".
60 Burger, Südtirol – Wohin?, 182.
61 Oberlandesgericht Stuttgart, Urteil, 28.6.1982, AZ: 5 – 1 StE 3/81, 200.
62 Vgl. Hans-Henning Scharsach, Gewalt von rechts. Österreichs gefährlichste Neonazis kamen aus der FPÖ, in: Ders. (Hg.), Haider. Österreich und die rechte Versuchung, Hamburg 2000, 209–224, 209–215.
63 Vgl. Manthe, Ziele, 32.
64 Odfried Hepp, zit. n.: Jan Peter/Yury Winterberg, „Der Rebell". Neonazi, Terrorist, Aussteiger, VHS (verfügbar auf YouTube: https://www.youtube.com/watch?v=sdBqctcA-es (9.2.2023)), 83 min., 2004, 68:10–68:20 min.

nen nur noch selten zu verlassen. Auf lange Sicht sollten die US-Truppen durch weitere Anschläge zum Abzug aus der Bundesrepublik gezwungen werden.“[65]

IV. Verflechtung mit rechtskonservativen Kreisen und die Rolle der Justiz

Neben seiner Funktion als strategische und ideologische Blaupause für spätere rechtsterroristische Anschläge war der rechtsextreme Südtirol-Terrorismus für österreichische und bundesdeutsche Rechtsextremisten auch aus anderen Gründen von herausragender Bedeutung. Rechtsextremen Akteuren gelang es später nie mehr, ihren Terrorismus so nahtlos mit der politischen Agenda des konservativen Milieus zu verbinden und vergleichbar hohe Akzeptanz bei Konservativen zu finden wie in der Südtirol-Frage. Dies offenbarte sich bereits in der Bezeichnung der zum Sprengstoff greifenden Akteure: Sie wurden im konservativen Milieu zumeist nicht als „Rechtsterroristen“ bezeichnet. Vielmehr war verharmlosend von „Bumsern“ die Rede, „in lautmalerischer Anspielung auf den Detonationslärm, der sich in den Bergen vielfach fortpflanzte.“[66] Mitunter wurden sie gar, wie in der rechts-konservativen deutschen Hochschulzeitschrift *student*, als „Deutschlands einzige Partisanen“[67] idealisiert. Die rechtsextremen Akteure fügten sich in Südtirol geschickt ein in einen Kampf, der in weiten Teilen des Rechtskonservatismus auf Verständnis traf oder dort sogar Unterstützung fand:

> „Es gibt in der Bundesrepublik ein breitgestreutes Mitgefühl für die Südtiroler. Seine Skala reicht von der Sympathie für Land und Leute, von der Erinnerung an gemeinsam Durchgestandenes bis zu dem Wunsch, die Südtiroler durch die Finanzierung von Kindergärten, Bibliotheken und dergleichen zu unterstützen. Sie umfaßt auch Diskussionen über deutsche Beiträge zur Industrialisierung der Provinz Bozen.“[68]

Diese Charakterisierung des *Kölner Stadtanzeigers* brachte im Sommer 1961 das Verhältnis der Bundesdeutschen zu Südtirol auf den Punkt. Manche Hilfe entsprang allerdings weniger zwischenmenschlichem Mitgefühl als vielmehr völkischer Deutschtümelei: „Solidarischer Urlaub bei den selbstbewußten Südtirolern“ – so warb das *Ostpreußenblatt*, Publikationsorgan des Vertriebenenverbandes der Landsmannschaft Ostpreußen, noch im Februar 1983 bei seiner

---

65 Der Generalbundesanwalt beim Bundesgerichtshof, Anklageschrift, 30.9.1984. BArch Koblenz, B 362/8504, 67–68.

66 Klaus Wiegrefe, Bozener Bumser, DER SPIEGEL 13/2008, 21.3.2008, URL: https://www.spiegel.de/politik/bozener-bumser-a-64316309-0002-0001-0000-000056299094 (abgerufen 13.12.2022).

67 Folter in Südtirol, student. Freiheitliche Zeitschrift für Politik, Kultur und Gesellschaft, Nr. 79, Oktober/November 1978, 7.

68 Kölner Stadtanzeiger, zit. n.: Zünder aus Deutschland, Dolomiten, 4.7.1961, 3.

bundesdeutschen Leserschaft um das Ferienziel an Eisack, Etsch, und Rienz. Die Region wurde als „Urlaubsparadies" beworben, aber nicht nur aus dem Grund, weil es sich um eine „liebliche Landschaft" mit mildem Klima handele. Vielmehr biete sich „für einen ‚Urlaub in deutschen Landen' [...] Südtirol geradezu an. Hier wird noch offen Bekenntnis für die deutsche Kulturnation und das Selbstbestimmungsrecht abgelegt, wie sie territorial von der ersten Strophe unserer Nationalhymne umrissen werden".[69]

Eine nicht unproblematische Beziehung zu Südtirol pflegten auch Teile des damaligen katholischen Milieus. Der Regensburger Moraltheologe Prof. Franz Klüber verfasste 1963 eine Schrift mit dem Titel „Moraltheologische und rechtliche Beurteilung aktiven Widerstandes im Kampf um Südtirol". Darin beschrieb er Gewaltanwendungen im Kontext des Südtirol-Konfliktes als legitim. In einem wenig später verfassten Zeitungsaufsatz gab er unter anderem an, dass „die aktive Gegenwehr mit Hilfe der Gewalt [...] nunmehr das einzige Mittel" sei, „welches den italienischen Staat zu zwingen vermag, die Menschenrechte in Südtirol zu respektieren."[70] Mehr noch: Klüber setzte den Kampf der „Südtiroler Freiheitskämpfer" mit dem Widerstand des 20. Juli gegen Hitler gleich und bekannte: „Jedenfalls ist unter den gegebenen Bedingungen der aktive Widerstand das einzige Mittel, welches Südtirol vor der endgültigen Vernichtung durch Italien bewahren kann, und deshalb eine Entscheidung von hohem sittlichem Wert."[71] Burger berief sich in seinem Südtirol-Buch aus dem Jahr 1969 auch auf Franz Klüber und dessen Ausführungen zum Widerstandsrecht in Südtirol.[72] Dies zeigt die fatale Wirkung der Äußerungen des katholischen Geistlichen, durch die sich Burger darin bestärkt sehen konnte, dass große Teile des konservativen Milieus sein Anliegen teilten.

Die Verwobenheit von konservativen und rechtsextremen Positionen in Südtirol äußert sich auch am Beispiel des langjährigen CDU-Generalsekretärs Heiner Geißler. Der 1930 geborene Geißler war während seiner Zeit als Student der Rechtswissenschaften in München und Tübingen Sympathisant des BAS. Auf die Frage der *Süddeutschen Zeitung*, die 2015 mit ihm ein längeres Interview führte, wie weit sein Engagement in Südtirol gegangen sei, bekannte Geißler, er habe Anfang der 1960er Jahre „unwissentlich" Sprengstoff über die Alpen transportiert. Er sei „von Kletterfreunden gebeten worden, einen Rucksack mit Ausrüstung in ein bestimmtes Tal zu bringen" und habe sich „nichts dabei ge-

---

69 Wolfgang Thüne, An der Etsch und im Gebirge, Das Ostpreußenblatt, 12.2.1983, 12.
70 Christliche Auseinandersetzung statt unchristlicher Verteufelung. Eine Kontroverse um das aktive Widerstandsrecht, Neue Zürcher Nachrichten, 1.2.1964, o.S. Die Zeitung druckte unter dieser Überschrift u.a. einen Text von Klüber nach, der ursprünglich in der Wiener Wochenschrift „Die Furche" erschienen war.
71 Ebd.
72 Vgl. Burger, Südtirol – Wohin?, 163.

dacht und mich nur gewundert, wie schwer das immer war. Später wusste ich schon, dass dort Strommasten gesprengt worden waren." Eher augenzwinkernd denn reumütig gab er an: „Aber die haben mich nie erwischt, weil ich rechtzeitig über die Grenze nach Österreich zurückgekommen bin."[73] Auf die Frage, ob er „mit der Sache der Südtiroler Nationalisten sympathisiert" habe, antwortete Geißler: „Ja, natürlich. Nationalisten waren die Italiener. Die Südtiroler haben niemals Gewalt gegen Personen ausgeübt. Wenn die mal was gesprengt haben, dann waren es faschistische Mussolini-Denkmäler und dann mal eine kurze Zeit lang Elektromasten. Das war grenzwertig." Geißlers Aussagen waren dabei in zweierlei Hinsicht falsch. So befanden sich unter den „Bumsern" zweifellos auch österreichische wie bundesdeutsche Nationalisten. Zudem wurden auch Personen in Mitleidenschaft gezogen, verletzt oder gar getötet. Dass die *Süddeutsche Zeitung* anschließend die Frage stellte, ob es ein Denkmal in Deutschland gebe, das Geißler heute gerne sprengen würde,[74] gibt Aufschluss darüber, wie sehr der Südtirol-Terrorismus im Rückblick auch von journalistischer Seite verharmlost wurde.

Ein enges Verhältnis zwischen Konservatismus und Rechtsextremismus zeigte sich auch unter Südtirol-Aktivisten im Lande selbst. Es stellt sich die Frage, warum sich jene unter ihnen, die selbst nicht rechtsextrem eingestellt waren, nicht stärker von rechtsextremen Akteuren distanzierten. Ein Grund lag wohl in der Finanzkraft der rechtsextremen Hintermänner. Sie erschwerte dem konservativen Milieu die Distanzierung, da man auf die Gelder aus dem rechtsextremen Lager angewiesen war. Zudem verfolgten beide – bei Ausklammerung ideologischer Hintergründe – ein ähnliches Ziel. Das jedenfalls legen Aussagen der Nordtiroler BAS-Aktivistin Herlinde Molling nahe, die behauptete, dass die rechtsextremen bzw. neonazistischen Kräfte in Südtirol „von Anfang an dabei" gewesen seien. Zum Problem sei dann geworden, dass sich die rechtsextremen Kreise „auch dank ihrer guten Ausrüstung – denn sie hatten geldmäßig viel mehr Unterstützung als wir – eben auch besonders" hätten hervortun können, zugleich „dann aber nicht still und bescheiden" gewesen seien:

> „Denn wenn sie still und bescheiden ihre Sache gemacht und niemand gewusst hätte, wer das jetzt war, wäre das wunderbar gelaufen. Aber sie haben sehr viel Wirbel um sich gemacht und haben dazu ihre Weltanschauung auch noch irgendwie vorgetragen, und das hat natürlich genügt, um diese Nazismuskeule zu schwingen und die ganzen Südtirol-Aktivitäten als eine pangermanistische Aktion darzustellen, die von der ganzen Welt zu verdammen ist."

---

73 Malte Herwig, „Die Berliner Siegessäule würde ich sofort sprengen", Süddeutsche Zeitung Magazin 22/2015, 5. 6. 2015, URL: https://sz-magazin.sueddeutsche.de/politik/die-berliner-siegessaeule-wuerde-ich-sofort-sprengen-81334 (abgerufen 13. 12. 2022).
74 Geißlers Antwort lautete: „Die Siegessäule in Berlin würde ich sofort sprengen. Dieses Denkmal beleidigt meinen Intellekt." Ebd.

Die italienische Seite habe dies dann „bravourös ausgenutzt. Und dagegen haben wir immer versucht anzurennen, mit geteiltem Erfolg" – so Molling.[75] Die Äußerungen zeigen, wie ambivalent das Verhältnis zwischen konservativen und rechtsextremen Kräften war. Molling bewertete die nazistische Ideologie mancher Südtirol-Aktivisten vor allem als ein Problem der negativen „publicity", aber nicht mehr. Aus ihrer Sicht ergab sich lediglich aus dem öffentlichen Auftreten der rechtsextremen Aktivisten ein Problem; andernfalls „wäre das wunderbar gelaufen." Eine Haltung, wie sie Molling repräsentierte, ermöglichte es den rechtsterroristischen Akteuren, sich in Südtirol in einem gemeinsamen Kampf mit konservativen Gesellschaftskreisen zu begreifen und entsprechend aufzutreten.

Dem (terroristischen) Rechtsextremismus gelang es in Südtirol also, so hielt der Historiker Leopold Steurer treffend fest, mit dem „Einsatz für die ‚deutsche' Kultur oder Identität [...] offensichtlich eine tragfähige Basis für ein gemeinsames Auftreten von politischen Kräften" zu nutzen, „die andernfalls im Wettbewerb zueinander stehen, im Ethnos aber eine gemeinsame Basis finden."[76] Insbesondere die postulierten völkischen Untergangsszenarien[77] waren dabei hilfreich.

Das Gefühl, (weite) Teile der Gesellschaft stünden hinter ihnen, erwuchs bei den Rechtsterroristen aber nicht nur beim Blick auf konservative Gruppen innerhalb der Bevölkerung. Auch die Justiz vermittelte mitunter einen solchen Eindruck. So wurden die rechtsextremen Aktivitäten im Südtirol-Komplex, obwohl es sich annähernd um den gleichen Täterkreis handelte (Burger-Kreis), in der Bundesrepublik nicht in *einem* Verfahren von der Generalbundesanwaltschaft gebündelt. Warum es nicht zu einer solchen Verfahrensbündelung kam, lässt sich anhand von Unterlagen aus dem Hauptstaatsarchiv in Stuttgart gut nachvollziehen.

Die Stuttgarter Staatsanwaltschaft ermittelte in den 1960er Jahren gegen die beiden Südtirol-Terroristen Becker und Miller aus Baden-Württemberg. Mitte Januar 1964 bekam der verantwortliche Stuttgarter Staatsanwalt Besuch von einem Oberregierungsrat des Bundesamtes für Verfassungsschutz. Dieser teilte mit, „dass der Schwerpunkt der Straftaten eindeutig in München, Ingolstadt und Augsburg liege, da dort insbesondere Dr. Burger die treibende Kraft gewesen sei." Dies hätten unter anderem die Ermittlungen des bayerischen Landeskriminalamts sowie des Bundesamtes für Verfassungsschutz ergeben. Bei der Münchener Staatsanwaltschaft sei allerdings „keine grosse Geneigtheit" festzu-

---

75 Zit. n.: Astrid Kofler, Zersprengte Leben. Frauen in den Südtiroler Bombenjahren, Bozen 2003, 323.
76 Steurer, Südtirol und der Rechtsextremismus, 150.
77 Vgl. Gatterer, Südtirol und der Rechtsextremismus, 267.

stellen, „den Fall Dr. Burger und die damit zusammenhängenden Sprengstoff-
diesbstähle in Ingolstadt richtig anzufassen." Es sei in München „bekannt, dass
eine nahe Verwandte des Bundesministers Krone den Dr. Burger während seiner
Haft verschiedene Male aufgesucht und diesem Geldzuwendungen gemacht
habe." Heinrich Krone war von 1955 bis 1961 Vorsitzender der CDU/CSU-Bun-
destagsfraktion sowie von November 1961 bis Juli 1964 Bundesminister für besondere Aufgaben. Außerdem berichtete der Vertreter des Bundesamtes für
Verfassungsschutz „dass Bundesminister Dr. Krone mit Dr. Norbert Burger sehr
gut bekannt sei." Wie aus dem Dokument weiter hervorgeht, konnte sich der
Stuttgarter Staatsanwalt wenige Tage später von der Richtigkeit der Informa-
tionen des Verfassungsschutzmitarbeiters überzeugen. Ein Münchener Staatsanwalt hatte angefragt, ob man in Stuttgart „nicht seine Verfahren gegen Miller
und Becker übernehmen wolle." Der Stuttgarter Staatsanwalt zeigte sich skeptisch und wies darauf hin, dass „der Schwerpunkt" der Südtirol-Aktivitäten
„doch in Bayern liege". Daraufhin wurde der Münchener Amtskollege deutlich:
In Bayern sei man „weniger an einer Strafverfolgung als am Vollzug der Ausweisung des Dr. Burger interessiert". Im Kontext dieser Aussage bestätigte der
Münchener Staatsanwalt zudem, „dass Bundesminister Krone mit Dr. Burger gut
bekannt bzw. befreundet sei."[78] Der Stuttgarter Staatsanwalt vermerkte schließlich noch, dass die Freundschaft Krones mit Burger auch der Bundesanwaltschaft
bekannt sei.

Die Staatsanwaltschaft München versuchte also einen Teil des zu verfolgenden
Burger-Kreises an den Kollegen in Baden-Württemberg „abzugeben" und sich
zugleich der Strafverfolgung Burgers zu entledigen, weil dieser ein enger Freund
Krones war. Besonders bemerkenswert ist, dass die Bundesanwaltschaft von der
persönlichen Bekanntschaft zwischen dem Bundesminister und dem rechtsextremen Aktivisten wusste. Politische oder innerjustizielle Konsequenzen blieben
jedoch erstaunlicherweise aus. Im Gegenteil: Wie sich wenige Tage später bei
einer Ressortbesprechung im Auswärtigen Amt (AA) herausstellen sollte, war die
Generalbundesanwaltschaft (GBA) in der Causa Burger selbst Teil des Problems.
Anlass für das Treffen war ein Aide-Memoire der italienischen Regierung, worin
diese der Bundesrepublik vorwarf, nicht oder kaum gegen die von Westdeutschland aus operierenden Südtirol-Terroristen vorzugehen.

Die Besprechung am 6. Februar wurde vom Ministerialdirektor im Auswärtigen Amt geleitet, der das Treffen auch initiiert hatte,[79] da das AA aufgrund von
Aktivitäten der Südtirol-Terroristen von westdeutschem Boden aus um das

---

78 Staatsanwaltschaft bei dem Landgericht Stuttgart – der Oberstaatsanwalt, Vermerk, 16. 1.
   1964. HStA Stuttgart, EA 4/403_Bue 1191, 69.
79 Vgl. Rolf Steininger, Südtirol zwischen Diplomatie und Terror, Band 3: 1962–1969 (Veröffentlichungen des Südtiroler Landesarchivs 8), Bozen 1999, 638.

Ansehen der Bundesrepublik besorgt war. Die ressortübergreifende Besprechung sollte daher der Lösung dieses vom AA ausgemachten Problems dienen.

Nachdem „als Arbeitshypothese allgemein akzeptiert" worden war, dass Norbert Burger als „der Kopf der subversiven Bestrebung von deutschem Boden aus" charakterisiert werden müsse, stand die Frage im Raum, wie mit eben jenem Burger umzugehen bzw. diesem „das Handwerk zu legen sei."[80] Die Runde machte zwei grundsätzliche Möglichkeiten aus: Entweder ein Ausweisungs- oder ein Strafverfahren (mit dem Ziel der strafrechtlichen Verurteilung).[81] Die erstere Möglichkeit wurde durch den anwesenden Staatssekretär im Bayerischen Innenministerium präferiert.[82] Die Möglichkeit eines Gerichtsverfahrens wurde hingegen vom Vertreter des Bundesamts für Verfassungsschutz bevorzugt. Das Problem wäre schließlich, so argumentierte dieser, mit Burgers Ausweisung keineswegs gelöst; dieser würde weiter aktiv bleiben. Eben ein solches Strafverfahren jedoch wurde von Beamten aus Bayern und Baden-Württemberg skeptisch betrachtet, allerdings aus unterschiedlichen Gründen. Der Vertreter des bayrischen Justizministeriums wies darauf hin, dass in München zwar gegen Burger ermittelt werde, dass „das gegen Burger vorliegende Material" aber nicht für eine Verurteilung ausreiche. Das Verfahren sei bislang nur aus dem Grund nicht eingestellt worden, „um auf diese Weise das Ausweisungsverfahren zu stützen." Man müsse aufgrund „des unzureichenden Belastungsmaterials" behutsam vorgehen, „damit ein Strafverfahren nicht etwa zu Gunsten Burgers ausgehe und sich so vielleicht auch auf das Ausweisungsverfahren auswirke." Der Generalstaatsanwalt aus Baden-Württemberg stand hingegen einer Strafverfolgung Burgers in seinem Bundesland deswegen skeptisch gegenüber, weil er „das Zentrum von Burgers Tätigkeit" in Bayern verortete; daher müsse dort das Strafverfahren geführt werden, oder die Bundesanwaltschaft müsse das Verfahren an sich ziehen. Schließlich sei der Fall auch „eine hochpolitische Angelegenheit"[83].

Damit stand nun eine Zentralisierung der verschiedenen jeweils in Zusammenhang mit Burger stehenden Verfahren im Raum. Für diesen Vorschlag plädierten der Ministerialrat aus dem baden-württembergischen Justizministerium sowie der Ministerialdirektor vom Auswärtigen Amt. Allerdings stellte sich ausgerechnet jene Behörde quer, die eben jene Zentralisierung hätte in die Hand nehmen müssen: Die Bundesanwaltschaft. Der anwesende Bundesanwalt begründete seine ablehnende Haltung mit einer Reihe von Argumenten: „Heran-

---

80 Auswärtiges Amt, Vermerk, 19.2.1964. HStA Stuttgart, EA 4/403_Bue 1191, 77.
81 Österreich bekundete über seinen Botschafter in Bonn, kein Interesse an einer Abschiebung Burgers zu haben, da sonst die österreichischen Behörden gegen Burger hätten tätig werden müssen, was man offenbar vermeiden wollte. Vgl. Steininger, Südtirol, Band 3, 636.
82 Vgl. Auswärtige Amt, Vermerk, 19.2.1964. HStA Stuttgart, EA 4/403_Bue 1191, 77.
83 Ebd., 78.

wachsende gehörten nicht vor den Bundesgerichtshof"; „ein Verfahren vor dem Bundesgerichtshof würde die ganze Angelegenheit in unangemessener Weise aufwerten"; es läge „noch nicht genug Material gegen ihn vor"; „das deutsch-italienische Verhältnis" werde dadurch „zusätzlich belastet". Unterstützung erhielt die Bundesanwaltschaft vom Vertreter des Bundesjustizministeriums. Dieser trug vor, dass die Generalbundesanwaltschaft „sich der Sache aus rechtlichen und tatsächlichen Gründen nicht annehmen" könne. Mit dieser floskelhaften Begründung rechtfertigte der Ministerialrat die Position seines Vorgesetzten, des Bundesjustizministers Ewald Bucher, der „die Zurückhaltung der Bundesanwaltschaft ausdrücklich gutgeheißen" habe. Statt per Zentralisierung solle man die „Verfahren in ständiger Zusammenarbeit und Fühlungnahme"[84] durchführen. Diese Vorgehensweise habe man bereits mehrfach erfolgreich erprobt.

Als die Ressortbesprechung endete, wurden folgende Ergebnisse festgehalten: Die Staatsanwaltschaft München sollte das Verfahren gegen Burger weiterführen, alle anderen mitbeteiligten Bundesländer bzw. Staatsanwaltschaften würden helfend zur Seite stehen.

Für das Auswärtige Amt war die Besprechung, wie dessen Ministerialdirektor angab, „nicht sehr ergiebig"[85]. Denn das vom Auswärtigen Amt erhoffte verstärkte Vorgehen gegen den Südtirol-Terrorismus blieb aus. Stattdessen setzten sich Bundesjustizministerium und Bundesanwaltschaft mit ihrer Ablehnung einer Bündelung und Übernahme der Verfahren durch den Generalbundesanwalt durch. Dazu kommt: Der Vertreter des bayerischen Justizministeriums hatte sich zwar grundsätzlich zur einer Strafverfolgung Burgers bereit erklärt, allerdings mit einer äußerst problematischen Einschränkung: „Er könne aber keine verbindliche Zusage darüber abgeben, ob in Zukunft alle Südtirol betreffenden Fragen bei der Bayerischen Staatsanwaltschaft gesammelt würden. Schließlich würde damit auch in die Kompetenzen anderer Länder eingegriffen."[86]

Insgesamt bedeutete dies eine Aufsplitterung der Strafverfolgung des Burger-Kreises in Einzelverfahren. Denn weder kam es zur *zentralen* Übernahme durch die Bundesanwaltschaft noch einigte man sich auf die Zuständigkeit *einer* Landesjustizbehörde. Dies wiederum hatte konkrete Auswirkungen. Denn trotz eines Zusammenhanges mit dem Burger-Kreis wurde das Verfahren gegen Becker und Miller nicht in München, sondern in Stuttgart geführt, wo es am 8. September 1964 zu Verurteilungen kam.[87] In München wiederum verurteilte man am 26. Februar 1965 Zinkl, Wittinger und den bundesdeutschen Rudolf

---

84 Ebd., 79.
85 Ebd., 82.
86 Ebd., 80.
87 Vgl. Landgericht Stuttgart, Urteil, 8. 9. 1964. HStA Stuttgart, EA 4/403_Bue 1191, 105.

Hessler.[88] In der Münchner Urteilsschrift wurde dabei die entscheidende Rolle Burgers klar hervorgehoben:

> „Dr. Burger beschränkte sich indessen nicht darauf, in der Bundesrepublik die Gewaltmaßnahmen der Extremisten zu verteidigen, sondern ging dazu über, Gleichgesinnte um sich zu vereinen, um mit ihrer Hilfe und Unterstützung weitere Terrorakte vorzubereiten."[89]

Dieser Aspekt wurde bei der Bemessung der Strafe der in München Angeklagten als entlastend gewertet und festgehalten, „daß sie unter dem verhängnisvollen Einfluß des Dr. Burger gehandelt haben [...]. Die Angeklagten sind nichts mehr als willfährige Handlanger des Dr. Burger gewesen. Von sich aus hätten sie nicht die Energie zur Begehung der Straftaten aufgebracht, für die sie sich nunmehr zu verantworten haben."[90]

Burger wurde also als die entscheidende Person in diesem Terrorkomplex ausgemacht, stand aber damals selbst noch nicht in Deutschland vor Gericht, weil er sich gleichzeitig in einem Verfahren in Österreich verantworten musste. In der Bundesrepublik lag jedoch seit 1964 nach wie vor wegen seiner Straftaten in der Causa Südtirol ein Haftbefehl gegen ihn vor. 1968 wurde er schließlich von der deutschen Polizei verhaftet. Er wurde beim Versuch festgenommen, über das ‚große deutsche Eck' von Lofer in Tirol nach Salzburg zu reisen. Das Verfahren, dem Burger sich nun zu stellen hatte, war bemerkenswert. So war der Vorsitzende Richter bereits an jenem Urteil beteiligt gewesen, in dem wenige Jahre zuvor die Schuldsprüche in dem anderen Münchener Südtirolverfahren gefällt worden waren und dabei Burgers zentrale Rolle herausgestrichen worden war.[91] Dennoch sprach am 3. Juni 1970 die 5. Große Strafkammer beim Landgericht München Burger in allen fünf Anklagepunkten, insbesondere Rädelsführerschaft nach § 129 StGB, frei.[92]

Der Freispruch erklärt sich unter anderem aus der eingeschränkten Anklage, die Burger nur für „folgenlos gebliebene Verabredungen zu Sprengstoffanschlägen zwischen Oktober 1963 und April 1964" sowie wegen „Rädelsführerschaft in einer kriminellen Vereinigung" verantwortlich machte. Tatkomplexe aus den Jahren davor (und vermutlich auch danach), bei denen Menschen verletzt wurden und mitunter auch zu Tode kamen, wurden also nicht mit einbezogen, obwohl die damaligen Ermittlungsergebnisse eindeutig zu dem Schluss

---

88 Vgl. Landgericht München I, Urteil, 26.2.1965. StA München, Staatsanwaltschaft 30717/4, 567.
89 Ebd., 571.
90 Ebd., 614.
91 Vgl. Der Prozeß gegen Norbert Burger in München, Neue Zürcher Zeitung, 28.5.1970, 3.
92 Die 5. Strafkammer des Landgerichts München I, Urteil, 3.6.1970, StA München, Staatsanwaltschaften 35313/9.

kamen, dass Burger ab 1961 in viele dieser Anschläge involviert gewesen sei. Dass
die vorgelegten Beweismittel dann nicht einmal ausreichten, um Burger im Sinne
der (eingeschränkten) Anklage zu verurteilen, lag wohl auch daran, dass das
Gericht Burgers (abstruse) Version der Geschehnisse nicht zu widerlegen vermochte. Burger hatte dabei weniger die verhandelten Tatsachen geleugnet, als
diese vielmehr zu seinen Gunsten umgedeutet und damit abgeschwächt: Was die
Anklage als geplante Sprengstoffhandlungen einstufte, sei „ein Manöver mit
Attrappen" gewesen. Die gefundenen Zeichnungen von Strommasten und Brücken in Italien hätten „zur Täuschung eines italienischen Agenten"[93] gedient.
Geladene Zeugen, so stellte der Vorsitzende Richter fest, hätten sich überdies
„unter der Regie des geistig sehr beweglichen Angeklagten" lediglich „an für ihn
günstige Einzelheiten"[94] erinnert. Auch die Tatsache, dass Burger in Verhand-
lungspausen gegenüber der Presse detaillierte Einzelheiten darüber kundtat, wie
die Schweiz für seine Aktivitäten als Trainings- und Planungszentrum gedient
hatte, vermochte an dem Urteilsspruch nichts zu ändern.[95] Burger war ein freier
Mann, offiziell freigesprochen von einem bundesdeutschen Gericht.

Ähnliches galt für Peter Kienesberger, Fritz und Heinrich Bünger sowie Klaus
Goebel. Zwar kam es Ende der 1970er Jahre, nachdem Kühn von den DDR-
Behörden in die BRD abgeschoben worden war, zu einem Prozess in Köln, bei
dem neben Kühn auch Kienesberger, Goebel und Heinrich Bünger auf der An-
klagebank saßen.[96] Hintergrund waren die Anschläge in Italien im Oktober 1962
und April 1963. Eine Verurteilung wurde jedoch nur gegen Kühn rechtskräftig.
Goebel, Heinrich Bünger und Kienesberger hingegen gingen in Revision, worauf
der Bundesgerichtshof das Urteil wegen formaler Rechtsfehler aufhob und die
Angelegenheit zu „neuer Verhandlung und Entscheidung"[97] an die Vorinstanz
zurückverwies. Erstaunlicherweise kam es jedoch zu keiner erneuten Verhandlung, da das Verfahren unter anderem deswegen eingestellt wurde, da ein „insgesamt größeres Gewicht des öffentlichen Interesses"[98] an der Einstellung, gegenüber einer Strafverfolgung vorgelegen habe. Das staatliche Interesse an der
Strafverfolgung habe „trotz der Schwere der dem Angeklagten vorgeworfenen
Taten an Gewicht verloren"[99]. Vor allem die Aburteilung des Österreichers Kienesberger drohte die diplomatischen Beziehungen zwischen Italien und Öster-

93 Der Freispruch für Burger, Neue Zürcher Zeitung, 5. 6. 1970, 2.
94 Zit. n.: Ebd.
95 Vgl. „Bumser" bildeten sich im Tessin aus, Walliser Bote, 30. 4. 1970, 20.
96 Der Angeklagte Fritz Bünger hatte sich einem Prozess durch Absetzung ins Ausland entzo-
     gen.
97 Bundesgerichtshof, Urteil, 3. 2. 1982. LArch NRW/AR, Ger_Rep_0449_00118-4, 759.
98 Staatsanwaltschaft Bonn, Verfügung, 1. 10. 1982. LArch NRW/AR, Ger_Rep_0449_00118-4,
     833.
99 Ebd., 837.

reich, die sich inzwischen verbessert hatten, zu gefährden. Deshalb und wohl auch, weil sich zahlreiche hohe politische Entscheidungsträger (darunter Bundesjustizminister Hans-Jochen Vogel) gegen eine Strafverfolgung aussprachen, wurde der Prozess eingestellt. Ob die damalige nordrhein-westfälische Justizministerin Inge Donnepp per Weisung auf die Einstellung Einfluss nahm, ist bis heute nicht belegt, aber auch nicht widerlegt. Unabhängig davon bleibt die Erkenntnis: Der rechtsextreme Teil des Südtirol-Terrorismus wurde vor bundesdeutschen wie österreichischen Gerichten nicht mit der nötigen Konsequenz verfolgt.[100]

V. Fazit

Als im Jahr 2019 der Bericht einer nicht nur ob ihrer personellen Zusammenstellung kritisierten „Historikerkommission" zur Geschichte der FPÖ erschien,[101] wurde darin auch das Verhältnis der Partei zum Südtirol-Konflikt in den 1960er Jahren erörtert. Dem entsprechenden Kapitel von Reinhard Olt und Hubert Speckner ist dabei zu entnehmen, dass rechtsextreme Kreise aus der Bundesrepublik und Österreich „keine dominierende Rolle" im Konflikt eingenommen hätten. Im vorliegenden Beitrag sind diese gängigen Einordnungen aufgegriffen und zugleich in Frage gestellt worden.

Dabei wurde argumentiert, dass ein Perspektivwechsel die Frage, ob nur eine Minderheit in dem Konflikt rechtsextreme bzw. neonazistische Einstellungen vertrat, in den Hintergrund rückt. Denn die vermeintlich beruhigende Antwort, dass rechtsextreme Kräfte „keine dominierende Rolle" eingenommen hätten, berücksichtigt nicht, dass der Südtirol-Konflikt dennoch von zentraler Bedeutung für die rechtsextreme Szene in Deutschland und Österreich war. Der Konflikt prägte den bundesdeutschen Rechtsterrorismus in mehrfacher Hinsicht nachhaltig: Erstens manifestierte sich unter der Losung „Berlin hilft Südtirol – Südtirol hilft Berlin" eine transnationale Zusammenarbeit von Bundesdeutschen und Österreichern, die gemeinsam Sprengstoffanschläge in den Drittstaaten

---

100 In Bezug auf den Umgang der österreichischen Stellen mit Norbert Burger kommt Bernhard Weidinger zu dem Schluss, dass dieser „lange Zeit pfleglich bis wohlwollend behandelt" worden sei (Weidinger, Abwehrkampf, 427). Insgesamt hätten dies auch die Abläufe und „Ergebnisse der Südtirolprozesse in Österreich" belegt, „die teilweise zu Manifestationen völkischer Verbundenheit zwischen Anklage-, Richter- und Geschworenenbank mutierten" (ebd., 435).

101 Die Kommission wurde von der FPÖ selbst eingesetzt und überging zentrale in diesem Feld tätige WissenschaftlerInnen und deren Forschungsergebnisse (vgl. Maria Sterkl, FPÖ-Bericht relativiert die eigenen NS-Bezüge, sagen Historiker, Der Standard, 3.2.2020, URL: https://www.derstandard.at/story/2000114104569/fpoe-historikerberichtexperten-bewerten-blaues-papier (abgerufen 9.2.2023).

Italien und der DDR begingen. Die später fortgeführte internationale Vernetzung rechtsterroristischer Akteure nahm hier ihren Anfang. Zweitens hatte der Konflikt einen Wissenstransfer zur Folge, denn mehrere Rechtsterroristen der 1970er und 1980er Jahre waren mit Protagonisten des Südtirol-Terrorismus vernetzt oder beriefen sich gar auf deren in den 1960er Jahren angewandten Strategien. Drittens wurden innerhalb des Südtirol-Konfliktes nicht nur bestehende Staatsgrenzen in Frage gestellt, sondern es entwickelte sich unter rechtsextremen Akteuren bereits das Tatmotiv Ausländerhass, das in den folgenden Jahrzehnten zu einem bestimmenden Handlungsmotiv rechtsextremer Gewalt aufrückte. Der aus der Bundesrepublik heraus agierende Drahtzieher des Südtirol-Terrorismus, der Österreicher Nobert Burger, machte schon in den 1960er Jahren in Südtirol „das bewußte Überdecken dieses Raumes mit fremder Kultur und fremden Menschen" aus und propagierte darauf basierend einen Kampf gegen Ausländer. Dieser (terroristische) Kampf gegen Ausländer, den Manfred Roeder zu Beginn der 1980er Jahre in der Bundesrepublik (weiter)führte, hatte seine Blaupause damit im Südtirol-Konflikt der 1960er Jahre. Viertens konnten sich die rechtsextremen Akteure in einen im konservativen Milieu akzeptierten Kampf integrieren und bekamen von Bevölkerung, Politik, Behörden und Justiz mitunter das Gefühl vermittelt, ihr völkischer Terrorismus werde toleriert. Und vermutlich war es in einigen Fällen nicht nur ein Gefühl, sondern die Realität.

Dass dieser Umstand jedoch weder zeitgenössisch noch zeithistorisch wahrgenommen wurde, belegt die Antwort der Bundesregierung auf eine Anfrage der Partei „Die Linke" im Deutschen Bundestag im Jahr 2013. Auf die Frage, was die Bundesregierung in den 1960er Jahren gegen die Sprengstoffaktivitäten bundesdeutscher Akteure in Südtirol unternommen habe, gab das Kabinett Merkel an, dass „den recherchierten Unterlagen zufolge […] die Bundesregierung über die Sprengstoffanschläge in Südtirol besorgt" gewesen sei und sie „intensiv verfolgt" habe: „Über die möglichen Hintergründe der Sprengstoffanschläge konnte nach Lage der Akten damals keine endgültige Klarheit gefunden werden."[102] Fakt ist: „Besorgt" zeigte sich das Bundesjustizministerium in den 1960er Jahren nur im Hinblick auf eine mögliche Übernahme des Verfahrens gegen Norbert Burger durch die Generalbundesanwaltschaft. „Intensiv verfolgt" hingegen wurde der Südtirol-Terrorismus jener Jahre vom Justizministerium gerade eben nicht, im Gegenteil: Man war an einer Lösung interessiert, die möglichst wenig öffentliche Aufmerksamkeit erzeugte. Und dass „über die möglichen Hintergründe der Sprengstoffanschläge" wenig „Klarheit" herrschte, lag nicht zuletzt am mangelnden Aufklärungs- und Strafverfolgungswillen von Behörden, Justiz und Politik.

---

102 Deutscher Bundestag, Drucksache 17/13160 v. 18. 4. 2013, 4.

Diese Haltung blieb nicht folgenlos, denn bis heute sind zahlreiche tödliche Anschläge innerhalb des Konfliktes (etwa auf der Porzescharte im Juni 1967) ungeklärt.[103] Außerdem trug dieses Verhalten dazu bei, dass der Burger-Kreis die Anschläge in Südtirol noch Jahrzehnte später öffentlich als Erfolg verkaufen konnte. So behauptete Peter Kienesberger 2001 bei einem Vortrag vor der Burschenschaft Danubia[104] in München, dass man „die Situation der Südtiroler in den 60er Jahren [...] nur durch Gewalt"[105] habe ändern können. Und noch 2015 resümierte Rigolf Hennig bei einem Vortrag im Hinblick auf (sein) rechtsextremes Engagement in Südtirol: „Das war der einzige aktive bewaffnete militärische Widerstand auf deutschem Gebiet gegen Besatzungsmächte seit 1945. Er war erfolgreich, wenn auch nicht so, wie wir das gedacht haben. Unser Ziel war erklärtermaßen die Selbstbestimmung der Südtiroler."[106] Hennig war zu jenem Zeitpunkt Teil der Europäischen Aktion, einer transnationalen Organisation im Rechtsextremismus, die militante Strukturen ausbildete.[107] Sein terroristisches Wissen konnte Hennig dabei also vermutlich an die nächste Generation weitergeben. Dieser Umstand wurde – das zeigt sich im Kontext des Südtirol-Terrorismus deutlich – jahrzehntelang von der Politik, den Sicherheitsbehörden und auch der Forschung kaum erkannt bzw. problematisiert. Hennig starb im März 2022 im hohen Alter von 86 Jahren. Bis zu seinem Tod führte die Staatsanwaltschaft Verden ein Ermittlungsverfahren gegen ihn. Der Hintergrund: Aktivitäten in Südtirol.[108]

---

103 Vgl. Peterlini, Bombenjahre bzw. Speckner, „Feuernacht".
104 Die Münchener Burschenschaft gelangte immer wieder mit rechtsextremistischen Skandalen in die Öffentlichkeit. Vgl. Verfassungsschutzbericht Bayern 2001, hg. v. Bayrischen Staatsministerium des Innern, München 2002, 63–64.
105 Ebd., 64.
106 Rigolf Hennig, Der Süd-Tiroler Freiheitskampf, Vortrag am 14.3.2015, Youtube, URL: https://www.youtube.com/watch?v=hyy3aPLdljQ, (abgerufen 20.12.2022), 23:13–23:30 min.
107 Vgl. Verfassungsschutzbericht 2015, hg. v. Niedersächsischen Ministerium für Inneres und Sport, Hannover 2016, 108–113.
108 Vgl. Antwortschreiben der Staatsanwaltschaft Verden vom 23.11.2021 auf eine dahingehende Anfrage des Autors.

Bernhard Weidinger

Von A wie „Aula" bis Z wie „Zines": Österreichs rechtsextreme Publizistik von den 1950er Jahren bis heute

Bei allen Veränderungen, denen der österreichische Rechtsextremismus über die Jahrzehnte unterworfen war, ist eines ihm doch erhalten geblieben: seine Mitteilsamkeit. Ob in der unmittelbaren Nachkriegszeit, beschränkt durch Papiermangel und alliierte Überwachung, oder heute, in den Weiten der Websites und sozialen Medien – immer haben Rechtsextreme geschrieben und mit ihren Texten die Öffentlichkeit gesucht. Der vorliegende Beitrag liefert eine Überblicksdarstellung der rechtsextremen Medienlandschaft und ihrer Entwicklung im Österreich der Zweiten Republik.[1] Im Fokus stehen in Printform erschienene bzw. erscheinende Periodika. Buchpublikationen und die Tätigkeit entsprechender Verlage (Stocker/Ares, Jahrweiser, Karolinger, etc.) bleiben unberücksichtigt. Gleiches gilt für etablierte Medien, die Beiträge zur Popularisierung rechtsextremer Inhalte und AkteurInnen leiste(te)n, ohne selbst als rechtsextrem charakterisierbar zu sein – wie die *Kronenzeitung* unter Hans Dichand oder *ServusTV* unter Ferdinand Wegscheider. Die Grundlage des Artikels und der darin getroffenen Befunde bilden, wo nicht anders angegeben, das langjährige Monitoring rechtsextremer Publizistik durch den Autor im Rahmen seiner Arbeit am Dokumentationsarchiv des österreichischen Widerstandes (DÖW) und an seiner Dissertation[2], zahlreiche Gespräche mit KollegInnen im Forschungsfeld

---

1 Für einen detaillierter auf die aktuelle Situation abstellenden Überblick vgl. Bernhard Weidinger, Medien von heute für eine Zukunft von gestern. Ein publizistisches Panorama des österreichischen Rechtsextremismus, in: Christine Schindler (Hg.), Verfolgung und Ahndung (= DÖW-Jahrbuch 2021), Wien 2021, 255–268. Für eine überblickshafte Darstellung des Verhältnisses von Rechtsextremismus und Medien in Österreich, die u. a. die Berichterstattung über Rechtsextremismus sowie rechtsextreme Medienstrategien behandelt, vgl. Judith Goetz, Rechtsextremismus und Medien. Ein einführender Überblick, in: Judith Goetz/FIPU/Markus Sulzbacher (Hg.), Rechtsextremismus, Band 4: Herausforderungen für den Journalismus, Wien 2021, 30–51. Über die im vorliegenden Text zitierten Werke hinaus wurden rechtsextreme Medien in Österreich bislang v. a. in Form akademischer Abschlussarbeiten erschlossen.
2 Bernhard Weidinger, „Im nationalen Abwehrkampf der Grenzlanddeutschen". Akademische Burschenschaften und Politik in Österreich nach 1945, Wien 2015, Kap. V.

sowie seine umfassende Kenntnis der vorliegenden Sekundärbefunde, allen voran jener aus dem DÖW selbst.

Im ersten Teil des Beitrags werden die – aufgrund ihrer Langlebigkeit, ihrer Auflage oder ihres Einflusses auf die rechtsextreme Szene – wichtigsten Printmedien des österreichischen Rechtsextremismus von der Nachkriegszeit bis zur Jahrtausendwende vorgestellt und die jeweiligen AkteurInnen hinter den Periodika benannt. Der zweite Abschnitt des Artikels verfolgt einen doppelten Zweck: Zum einen werden hier jüngere publizistische Projekte vorgestellt, die bis heute politisch relevant sind. Zum anderen werden die Umbrüche thematisiert, die über die Jahrzehnte (und verstärkt seit der Jahrtausendwende) in der Form, den Funktionen und den Inhalten rechtsextremer Medien zu verzeichnen waren. Während manche dieser Umbrüche allgemeine Veränderungen in der Medienwelt widerspiegeln, sind andere als Ausdruck von Transformationen des Rechtsextremismus selbst zu bestimmen.

Der Rechtsextremismus-Begriff wird in diesem Artikel entsprechend der Definition Willibald Holzers verwendet, einschließlich der von Schiedel vorgenommenen Adaptionen.[3] Dieses ideologiezentrierte Verständnis unterscheidet sich wesentlich von der (bei Sicherheitsbehörden und RechtsextremistInnen gleichermaßen populären) Formel, wonach Rechtsextremismus als offene Demokratiefeindlichkeit plus (physische) Gewaltbereitschaft zu bestimmen wäre. Demgegenüber wird er hier als ein ideologisches Syndrom verstanden, in dessen Zentrum das Postulat der natürlichen Ungleichheit von Menschen(-gruppen), Autoritarismus und Ethnonationalismus/Volksgemeinschaftsdenken stehen. Diese Bestimmung trägt dem Umstand Rechnung, dass weite Teile des heutigen Rechtsextremismus sich mit den Institutionen der Demokratie – Parteien, Wahlen, Parlamenten –, nicht aber mit Demokratie als Inhalt arrangiert haben[4] und Gewalt vorrangig in struktureller, institutioneller und symbolischer Form ausüben. Während manche der in diesem Artikel behandelten Medien im Übergangsbereich zwischen Konservatismus und Rechtsextremismus zu verorten sind, eint doch alle die offene Parteilichkeit für eindeutig rechtsextreme AkteurInnen.

---

3 Vgl. Willibald Holzer, Rechtsextremismus – Konturen, Definitionsmerkmale und Erklärungsansätze, in: Handbuch des österreichischen Rechtsextremismus. Aktualisierte und erweiterte Neuausgabe, 2. Auflage, hg. v. Stiftung Dokumentationsarchiv des österreichischen Widerstandes, Wien 1996, 12–96; Heribert Schiedel, Der rechte Rand. Extremistische Gesinnungen in unserer Gesellschaft, Wien 2007, 23–41.
4 Ebd., 23–24.

I.   Die rechtsextreme Medienlandschaft von 1945 bis zur Jahrtausendwende

Wie die österreichische extreme Rechte insgesamt, so sah auch deren Publizistik sich nach der Niederringung des NS-Regimes zunächst mit Beschränkungen konfrontiert. Unter den Bedingungen von Nachkriegschaos, Mangelwirtschaft, alliierter Präsenz, einer zunächst noch einigermaßen ernsthaft betriebenen Entnazifizierungspolitik und gesetzlicher Beschränkungen dauerte es einige Jahre, bis erste einschlägige Periodika wieder erscheinen konnten. Dann jedoch bildete sich innerhalb weniger Jahre ein breites Spektrum an Organen heraus, deren Träger vom parlamentarischen Feld bis in den Neonazismus reichten.

1.   Parteimedien

Die parteipolitische Reorganisation ehemaliger NationalsozialistInnen begann in den späten 1940er Jahren mit der Gründung des Verbands der Unabhängigen (VdU). Dieser legte mit der *Neuen Front* bereits im ersten Jahr seines Bestehens (1949) auch eine Zeitung vor. Erster Schriftleiter derselben wurde der Berufsjournalist (*Salzburger Nachrichten*) Viktor Reimann, der die Agitation gegen die Entnazifizierung zu einem frühen Kernthema der Zeitung erhob.[5] Mitte der 1950er Jahre ging die *Neue Front*, gewissermaßen als Teil der VdU-Konkursmasse, zur Nachfolgepartei FPÖ über, die sie 1973 in *Neue Freie Zeitung* umbenannte. Unter diesem Namen besteht das Organ, weitgehend unterhalb der Wahrnehmungsschwelle von Nicht-Parteimitgliedern, bis heute fort.

Die bedeutendste parteiförmige Konkurrenz, die der FPÖ von rechts erwuchs, war die zwischen 1967 und ihrem behördlichen Verbot 1988 bestehende Nationaldemokratische Partei (NDP) um Norbert Burger.[6] Diese legte eine Reihe von Periodika auf, von denen *Klartext. Zeitung für nationale Politik* (ab 1976) am ehesten auf ein breiteres Publikum ausgelegt war.[7] Jedenfalls formal als Parteiorgane zu klassifizieren wären auch die Periodika der 1963 gegründeten Ar-

---

5 Vgl. Margit Reiter, Die Ehemaligen. Der Nationalsozialismus und die Anfänge der FPÖ, Göttingen 2019, 88–89.

6 Vgl. zu Burgers politischer Biographie Wilhelm Lasek, Funktionäre, Aktivisten und Ideologen der rechtsextremen Szene in Österreich, DÖW, URL: https://www.doew.at/cms/download/b3c 9m/lasek_funktionaere_2015-2.pdf (abgerufen 16.2.2023), 10–14.

7 Zentrale Referenzen für Angaben zu Titeln, Organisationen und Erscheinungszeiträumen in diesem Artikel sind, neben den Originalquellen in der Spezialsammlung Rechtsextremismus des DÖW, die Online-Bestandsdatenbank des Österreichischen Bibliothekenverbundes; Handbuch des österreichischen Rechtsextremismus, hg. v. DÖW; Rechtsextremismus in Österreich nach 1945, hg. v. Dokumentationsarchiv des österreichischen Widerstandes, 4. Auflage, Wien 1980.

beitsgemeinschaft für demokratische Politik (AfP), einer langlebigen Organisation an der Grenze zum Neonazismus, auch wenn diese die Parteienform lediglich aus taktischen Gründen wählte und nie zu Wahlen antrat. Ihr Hauptorgan, die *Kommentare zum Zeitgeschehen*, wurde erst Ende 2021 – zusammen mit den beiden anderen verbliebenen AfP-Blättern *Weitblick* und *Wiener Beobachter* – eingestellt. Drei Jahre zuvor erschien die letzte Ausgabe der *Fakten*, ihrerseits Organ der Partei Kritische Demokraten. Das Zeitschriftenprojekt um den einstigen NDP-Aktivisten Horst Jakob Rosenkranz[8] hatte sein Erscheinen 1990 aufgenommen.

2.   Deutschnationales Vereinswesen und Massenorganisationen

Im Vorfeld der FPÖ erschien ab 1951 *Der freiheitliche Akademiker*, der nach nur einem Jahr in *Die Aula* umbenannt wurde. Diesen Namen sollte die Monatszeitschrift bis zu ihrer Einstellung 2018 beibehalten.[9] Der ursprüngliche Name verweist auf die Organisation hinter der Zeitschrift – die föderal organisierten Freiheitlichen Akademikerverbände (FAV), in denen sich im Wesentlichen das deutschnationale Verbindungsstudententum sammelte. Wenngleich die FAV formal nie Teil der FPÖ waren, verstanden sie sich doch als eine Art „nationales" Gewissen der Partei und Wächterin über deren weltanschauliche Grundlagen.[10] Neben ihrer Rolle als faktisches Zentralorgan des völkischen Studentenverbindungswesens fungierte *Die Aula* als „Brücke von der FPÖ zu allen außerparlamentarischen Strömungen des Rechtsextremismus und Deutschnationalismus" mit Ausnahme des „militanten jugendlichen Neonazismus."[11] Diesseits des letzteren warb sie phasenweise in Form von Tochter-Magazinen um ein jüngeres Publikum, vom *Sonderblatt* (1978–1983) über *Aula-Jugend* (1983–1990) und *Identität* (1990–1994) bis hin zum *gegenARGUMENT* der 2010er Jahre.

Ebenfalls fest im deutschnationalen Vereinswesen verankert ist ein Medium, dass kurz nach der *Aula* gegründet wurde, diese allerdings überlebt hat: Der

---

8 Vgl. Lasek, Funktionäre, 129–131.

9 Eine Monographie zur *Aula* hat Reinhold Gärtner vorgelegt: Reinhold Gärtner, Die ordentlichen Rechten. Die „Aula", die Freiheitlichen und der Rechtsextremismus, Wien 1996.

10 Vgl. dazu die Schilderungen des bis heute längstdienenden FPÖ-Obmanns: Friedrich Peter, Wurzeln und Entwicklungslinien der Freiheitlichen Partei Österreichs, in: Robert Kriechbaumer (Hg.), Die Spiegel der Erinnerung. Die Sicht von innen. Österreichische Nationalgeschichte nach 1945, Bd. 1, Wien 1998, 137–159, 139–142. Ausführlich zum Verhältnis von völkischen Korporationen und FPÖ vgl. Weidinger, Abwehrkampf, Kap. V.

11 Brigitte Bailer/Wolfgang Neugebauer, Rechtextreme Vereine, Parteien, Zeitschriften, informelle/illegale Gruppen, in: Handbuch des österreichischen Rechtsextremismus, aktualisierte und erweiterte Neuausgabe, 2. Auflage, hg. v. Stiftung Dokumentationsarchiv des österreichischen Widerstandes, Wien 1996, 103–253, 126.

Eckartbote (gegründet 1953, seit Mai 2002 *Der Eckart*) der Österreichischen Landsmannschaft (ÖLM), ihrerseits Nachfolgerin des Deutschen Schulvereins, erscheint noch heute.[12] Als langjähriger Schriftleiter (von 1956 bis zu seinem Tod 1978) fungierte der Alt-Nationalsozialist und vormalige VdU-Nationalratsabgeordnete Fritz Stüber. Zu *Aula* und *Eckartbote* gesellten sich über die Jahre zahlreiche weitere Organe des deutschnationalen Vereinswesens – üblicherweise Mitteilungsblätter, die kaum über den Mitgliederkreis des jeweiligen Vereins hinauswirkten. Beispielhaft genannt seien etwa die *Mitteilungen* des Allgemeinen Deutschen Kulturverbandes oder die *Südpreß* der Arbeitsgemeinschaft für Südkärnten.

Während keiner der genannten Vereine, einschließlich der ÖLM und der Burschenschaften, als Massenorganisation begriffen werden kann, verfügte der österreichische Rechtsextremismus nach 1945 durchaus über Organisationen mit Massenbasis und Organen entsprechender Reichweite. Zu nennen wären hier der Österreichische Kameradschaftsbund (ÖKB), der Österreichische Turnerbund (ÖTB) und der Kärntner Heimatdienst (KHD). Wenngleich alle drei über die letzten Jahrzehnte moderater oder apolitischer geworden sind, widmeten sie sich – so Kurt Langbeins Bestandsaufnahme für das DÖW 1980 – in den frühen Jahrzehnten der Zweiten Republik „in mehr oder minder offener Form der Traditionspflege des Nationalsozialismus auf militärischem, kulturellem und ideologischem Gebiet".[13]

Der ÖTB wurde noch 1996 vom DÖW aufgrund seiner Mitgliederzahl, seiner landesweiten Verankerung und seines Ansehens als „heute mit Abstand wichtigste Organisation des Deutschnationalismus und Rechtsextremismus" eingestuft.[14] KHD und ÖKB wurden ebenfalls im rechtsextremen „Vorfeld" verortet.[15] Die Beeinflussung der Mitglieder im rechtsextremen Sinn – etwa über verharmlosende bis verherrlichende Darstellung der nazideutschen Kriegsziele und Kriegsführung (Kameradschaftsbund), die Tradierung der antisemitischen und völkisch-nationalistischen Ideen des „Turnvaters" Friedrich Ludwig Jahn (Turnerbund) oder die Agitation gegen staatsvertraglich verbriefte Minderheiten-

---

12 Für eine eingehende Analyse der Inhalte der *Aula* und des *Eckartboten* in den ersten Jahren ihres Erscheinens vgl. Christina Steinkellner, „Die Demokratie, die sie meinen". Deutschnationale Ideologie im postnazistischen Österreich anhand einer Untersuchung einschlägiger Zeitschriften von 1952/53 bis 1955, Dipl. Arb., Wien 2015.

13 Kurt Langbein, Das Organisationsspektrum, in: Rechtsextremismus in Österreich nach 1945, hg. v. Dokumentationsarchiv des österreichischen Widerstandes, 4. Auflage, Wien 1980, 128–131, 130.

14 Bailer/Neugebauer, Rechtextreme Vereine, 199.

15 Brigitte Bailer/Wolfgang Neugebauer, Vorfeld- und Umfeldorganisationen, in: Handbuch des österreichischen Rechtsextremismus, aktualisierte und erweiterte Neuausgabe, 2. Auflage, hg. v. Stiftung Dokumentationsarchiv des österreichischen Widerstandes, Wien 1996, 254–269, 259.

rechte (Heimatdienst) – erfolgte in allen drei Fällen nicht zuletzt über das je-
weilige Mitteilungsorgan: die *Bundesturnzeitung* (ÖTB, ab 1955, seit 2003 *Unser
Turnen*), *Der Kamerad* (ÖKB, 1959–2002) und *Ruf der Heimat* (KHD, ab 1968, seit
1987 *Der Kärntner*). Letztgenanntes Medium ging jedenfalls zeitweise an alle
Kärntner Haushalte und verfügte 1976 über eine für ein Lokalmedium bemerkenswerte Auflage von 200.000 Stück.[16] Dem *Kamerad* des ÖKB attestierte das
DÖW noch 1996 Inhalte, die „von positiven Bezügen zur Deutschen Wehrmacht
über antisemitische Anspielungen bis hin zur Übernahme bzw. Gutheißung
,revisionistischer‘ Standpunkte" reichten.[17]

3.   Alt- und Neonazismus

Neben Parteimedien und den Mitteilungsblättern deutschnationaler Vereine
erschienen bald nach 1945 auch Organe nationalsozialistischen Charakters –
wobei zunächst noch kaum Anlass bestand, dem die Vorsilbe „neo" beizufügen.
Dies gilt etwa für Veteranenorganisationen wie die Kameradschaft IV ehemaliger
Angehöriger der Waffen-SS und deren Mitteilungsblatt *Die Kameradschaft*, das
schon 1954 (bzw. unter dem Vorgängertitel *Ich hatt' einen Kameraden* bereits
1953) und also noch vor der vollen Wiederherstellung österreichischer Souve-
ränität erscheinen konnte und bis 2004 Bestand hatte. Ein Jahr später beendeten
auch die *Mitteilungen* der Wohlfahrtsvereinigung der Glasenbacher[18] – eines
Zusammenschlusses ehemaliger Internierter des US-amerikanischen Camp
Marcus W. Orr in Salzburg-Glasenbach – ihr seit 1957 ununterbrochenes Erscheinen. Eine durchaus bemerkenswerte Lebensdauer für ein Organ, in dem
nach Beurteilung des DÖW „ein positives Andenken an die NS-Zeit gepflegt"
wurde und jedenfalls einzelne Beiträge „objektiv den Tatbestand der nationalsozialistischen Widerbetätigung" erfüllten.[19]
    Ebenfalls dem Altnazismus (verstanden als Nazismus der NS-„Erlebnisge-
neration" in Abgrenzung zu jenem der „Nachgeborenen") zuordenbar sind die
Huttenbriefe, die 1982 aus dem Mitteilungsblatt der Deutschen Kulturgemein-
schaft europäischen Geistes (DKEG) hervorgingen. Redigiert wurde die noch
heute erscheinende Quartalsschrift über mehrere Jahrzehnte von der in der
Steiermark wohnhaften, ehemaligen Gau-Unterführerin des Bundes Deutscher
Mädel (BDM) Lisbeth Grolitsch. Die 2017 verstorbene Grolitsch ist als zentrale

---

16 Herbert Exenberger, Organisationen, in: Rechtsextremismus in Österreich nach 1945, hg. v.
    Dokumentationsarchiv des österreichischen Widerstandes, 4. Auflage, Wien 1980, 132–172,
    146.
17 Bailer/Neugebauer, Vorfeld, 263.
18 Vgl. zu dieser Organisation Reiter, Die Ehemaligen, 38–47.
19 Bailer/Neugebauer, Rechtsextreme Vereine, 252.

Frauenfigur der rechtsextremen Publizistik in Österreich nach 1945 neben Hemma Tifner anzusehen. Letztere begründete die (entgegen ihrer Namensgebung keineswegs auf ökologische Themen fokussierte) Zeitschrift *Die Umwelt* (1972) mit und wirkte bis zu ihrem Tod 2014 als deren Schriftleiterin.

Als *neonazistische* Periodika im engeren Sinn sind etwa die Elaborate des Vorarlbergers Walter Ochensberger[20] anzuführen. Dieser zeichnete ab den 1970er Jahren für Titel wie *Aktuell-Jugend-Presse-Dienst, Sieg, Nachrichten-Austausch-Dienst* und zuletzt *PHOENIX* verantwortlich, bevor er 2021 verstarb. In den 1970er und 1980er Jahren erschien die *Richtung* der im universitären Umfeld tätigen Aktion Neue Rechte, gefolgt von *Die neue Richtung* der 1981 gegründeten ANR-Nachfolgeorganisation Partei für Recht und Ordnung. 1981 nahm auch die Zeitschrift *Halt* der Volksbewegung/Ausländer-Halt-Bewegung ihr Erscheinen auf. Als Herausgeber fungierte zunächst Gottfried Küssel, Hauptautor war jedoch – teils unter Pseudonymen – stets Gerd Honsik, der das Blatt bis zu seinem Tod 2018 betrieb. Küssel wiederum betätigte sich in den 1980er Jahren auch als Führer der Volkstreuen außerparlamentarischen Opposition (VAPO), die mit der *Sturmfahne* ebenfalls über ein Periodikum verfügte. Eine weitere Zentralfigur des österreichischen Neonazismus, der Steirer Franz Radl[21], imitierte Anfang der 1990er Jahre mit *Gäck* ein Organ der deutschen Wiking-Jugend im Stil einer Schülerzeitung. Als ein später Versuch, ein neonazistisches Printmedium unter zumindest teilweiser Verwendung von Klarnamen zu etablieren, ist das in den 2000er Jahren erschienene *Jugend-Echo* des Bundes freier Jugend zu nennen.

Dass manche der genannten alt- oder neonazistischen Zeitschriften trotz geltender gesetzlicher Bestimmungen über die Verbreitung nationalsozialistischer Propaganda jahrzehntelang erscheinen konnten – im Fall etwa eines Walter Ochensberger freilich begleitet von wiederkehrenden Prozessen und Verurteilungen – lässt einerseits Zweifel an der Konsequenz entsprechender Strafverfolgung aufkommen, spricht andererseits aber auch für das Geschick der Zeitschriften-MacherInnen im Ausloten des rechtlich gerade noch Zulässigen. Wer diesen ständigen Grenzgang und codierte Sprache vermeiden will, verzichtet auf Namen und aussagekräftiges Impressum. Diesem Ansatz folgen etwa die vor allem in der klassischen Neonazi-Skinhead-Szene gängigen Zines. Dabei handelt es sich um Blätter billiger Machart mit Namen wie *Stahlfront, Streetfight, Oisterreich National, White Pride* oder *Wut!,* die in Österreich in den frühen 1980er Jahren aufkamen, händisch verteilt oder gegen Vorkasse anonym postalisch versendet wurden und meist von kurzer Lebensdauer waren. Ebenfalls anonym erschien ab Anfang der 1980er bis in die 1990er Jahre hinein der in seiner Na-

---

20 Vgl. Lasek, Funktionäre, 93–95.
21 Ebd., 101–104.

mensgebung wenig subtile *Österreichische Beobachter – Kampfblatt der NSDAP (Hitlerbewegung) in Österreich*, über den u. a. Propaganda der international tätigen Neonazivereinigung NSDAP/AO (Aufbau- und Auslandsorganisation) verbreitet wurde.

4.   Sonstige Periodika

Neben Parteiblättern, Organen des (Neo-)Nazismus und solchen des deutschnationalen Vereinsmilieus erschienen in den 1980er Jahren auch einige Medien, die sich an eine bestimmte Teilklientel der extremen Rechten wandten – so etwa die *Kritische Studenten Zeitung* der Liste Kritischer Studenten (ab 1984) oder *Der Pflug* der Notwehrgemeinschaft der Bauern um den 2023 verstorbenen Burgenländer Robert Dürr (ab 1989). *Pen Dragon – Briefe für deutsche Heiden* (ab 1985, 1989 umbenannt in *Pen Tuisko*) bediente die paganistische/neuheidnische Nische rechtsextremer Weltanschauung, Querfrontbewegte in der Tradition des „linken" Flügels der NS-Bewegung wurden beim *Nationalrevolutionär* der Nationalrevolutionären Aufbauorganisation um Helmut Müller (1977 bis 1990) fündig.

Gesonderte Erwähnung verdient abschließend das Brückenmilieu zwischen Rechtsextremismus und Rechtskatholizismus. Zentralorgan dieses Spektrums ist die seit 1958 zunächst im Grazer Stocker-Verlag und mittlerweile in dessen Tochterverlag Ares erscheinende *Neue Ordnung*, die 2020 in *Abendland* umbenannt wurde. Während diese lediglich vier Ausgaben pro Jahr verzeichnet, unternahm der freiheitliche Publizist Andreas Mölzer 1997 den Versuch, die historische Kluft zwischen katholisch-Konservativen und antiklerikalen Deutschnationalen mit einem Brückenmedium im Wochenrhythmus zu überwinden: Seine *Zur Zeit* ging aus der Österreich-Mutation der deutschen *Jungen Freiheit* hervor, die Mölzer bis dahin redaktionell betreut hatte. Bis zur Gründung des *Wochenblick* 2015 war *Zur Zeit* die einzige Wochenzeitung des rechten Randes in Österreich, seit Einstellung des erstgenannten Ende 2022 ist sie es wieder.[22] Ein Brückenschlagversuch in die Gegenrichtung, vom Rechtskatholizismus zu den Deutschnationalen, ging 2019 von der seit 1985 erscheinenden katholisch-fun-

---

22 Laut Eigeninseraten, die in der Zeitschrift um den Jahreswechsel 2022/2023 erschienen, kämpfte freilich auch *Zur Zeit* selbst „ums Überleben", verzeichnete „umfangreiche finanzielle Rückstände" und könnte nur „mit einer massiven Kraftanstrengung", d. h. bei einem entsprechenden Spendenaufkommen, weiterexistieren. SpenderInnen wurde dabei sogar angeboten, im Gegenzug für ihre Zuwendung Heftinhalte mitgestalten zu dürfen. Im Februar wurde Entwarnung gegeben: der Fortbestand der Zeitschrift sei bis auf weiteres gesichert (vgl. Zur Zeit, Nr. 6–7/2023, 2). Bereits wenige Monate später sah man sich unter Verweis auf gestiegene Kosten erneut in der Existenz bedroht.

damentalistischen Zeitschrift *Der 13.* aus. Deren Herausgeber Albert Engelmann brachte nach Einstellung der *Aula* zusammen mit deren letztem Schriftleiter, Martin Pfeiffer, kurzerhand eine *Neue Aula* auf den Markt, stellte diese nach Erscheinen der Nullnummer jedoch wieder ein und entschädigte die bis dahin geworbenen AbonnentInnen mit einem von diesen nie bestellten *Der 13.*-Abo.

II. Transformationen und Kontinuitäten rechtsextremer Publizistik

Während im ersten Teil rechtsextreme Medien vorgestellt wurden, die in der zweiten Hälfte des 20. Jahrhunderts in Österreich erschienen sind, steht in weiterer Folge die Entwicklung seit der Jahrtausendwende im Vordergrund. Dabei werden neue AkteurInnen vorgestellt, die in diesem Zeitraum auf den Plan traten und die Veränderungen geschildert, die mit ihrem Auftreten – vor dem Hintergrund von Umbrüchen der Medienlandschaft insgesamt – einhergingen. Während manche dieser Veränderungen tatsächliche Innovationen darstellten, führten andere lediglich Entwicklungen fort, die noch im 20. Jahrhundert ihren Ausgang nahmen (wie etwa Verschiebungen in den thematischen Schwerpunktsetzungen rechtsextremer Medien) oder griffen Ansätze wieder auf, deren Zeit im ersten Anlauf noch nicht gekommen war (wie die „neurechte" Modernisierung rechtsextremer Rhetorik).

1. Formen: analog, digital, crossmedial

Die maßgeblichsten Veränderungen in den Erscheinungsformen rechtsextremer Publizistik seit der Jahrtausendwende lassen sich unter dem Schlagwort „Digitalisierung" zusammenfassen. Dass gerade der Neonazismus sich schon in den 1990er Jahren und damit relativ früh der „neuen Medien" annahm, ist kein Zufall. Als jener Sektor der extremen Rechten, der im Bereich der Illegalität operiert, weiß er die relative Anonymität und erschwerte Verfolgbarkeit von Online-Aktivitäten besonders zu schätzen. Die Möglichkeiten des Internet ließen die Herstellung von Zines zunehmend unverhältnismäßig aufwändig erscheinen, sodass in Österreich auch kaum noch welche produziert werden. Als Ausnahme wäre *Höllentanz* zu nennen, welches Fans des Musikgenres „National Socialist Black Metal" (NSBM) bedient.

Anders als der Neonazismus reagierten die im legalen Bereich operierenden Teile der rechtsextremen Publizistik in Österreich verspätet auf die digitale Revolution. Die dann einsetzenden Veränderungen waren dafür gravierend.[23] Die ersten reinen Online-Rechtsaußenmedien von Bedeutung waren *unzensuriert.at*, eine vom damaligen Dritten Nationalratspräsidenten der FPÖ, Martin Graf, gegründete (Des-)Informationsplattform, sowie die neonazistische Website *alpendonau.info*. Beide starteten 2009, letztere wurde aufgrund ihrer strafrechtlich relevanten Inhalte 2011 behördlich vom Netz genommen, nachdem technische und rechtliche Aspekte (die Seite wurde auf einem ausländischen Server gehostet) eine frühere Abschaltung verhindert hatten.[24] Als weitere reine Online-Medien folgten u. a. *Unser Mitteleuropa* (2016), die *Tagesstimme* (2018), der *Heimatkurier*, *AUF1*, *Report24* (alle 2021 im Gefolge der Corona-Protestbewegung) und *Der Status* (2023).

Andere neue Medienprojekte verschrieben sich einem crossmedialen Ansatz, d. h. der parallelen Bedienung verschiedener Medienkanäle. Üblicherweise fungiert dabei das Printprodukt als Flaggschiff, das von einem Online-Auftritt, teilweise multimedialem Content wie Podcasts oder Videoformaten und Bewerbung all dieser Inhalte über Social Media flankiert wird. Als maßgebliche Vertreter dieses Ansatzes lassen sich *Info-DIREKT* (ab 2015) und der *Wochenblick* (2016 bis 2022) ebenso benennen wie das *Aula*-Nachfolgemagazin *Freilich*, das 2020 die dem Dunstkreis der „Identitären Bewegung" entstammende Online-Zeitung *Tagesstimme* übernahm. *Zur Zeit* und *Der Eckart* zogen mit Verspätung (und bislang überschaubarem Erfolg) nach. Nur noch wenige verweigern sich heute der Onlinesphäre gänzlich, wie es die *Aula* zeit ihrer Existenz getan hatte – als ein Beispiel wäre die ebenfalls in Graz erscheinende Quartalsschrift *Abendland* zu nennen. Neben der Bespielung neuer Kanäle hat sich auch die Aufmachung der Printprodukte weiter ausdifferenziert: Langatmige philosophische Traktate in traditionellem Bleiwüstenlayout (*Abendland*) stehen ebenso im Angebot wie anspruchslose Kurztexte in knallig-bunter Aufmachung (*Info-DIREKT*) und gediegene Lifestylemagazin-Ästhetik mit langen Bilderstrecken (*Freilich*).

Mit den Online- und crossmedialen Medien ist ein Verdrängungswettbewerb entstanden, der teilweise alteingesessene (und von der älteren Generation des österreichischen Rechtsextremismus getragene) Blätter verdrängte, darunter

---

23 Vgl. Bernhard Weidinger, Neue Medien, alte Ideologie. Zur Nutzung des Internet durch – und seine Funktionen für – die extreme Rechte am Beispiel Österreich, in: Markus Stumpf/Hans Petschar/Oliver Rathkolb (Hg.), Nationalsozialismus digital. Die Verantwortung von Bibliotheken, Archiven und Museen sowie Forschungseinrichtungen und Medien im Umgang mit der NS-Zeit im Netz, Göttingen 2021, 119–137; zur Digitalisierung der rechtsextremen Medienlandschaft in Österreich auch Weidinger, Medien von heute, 261–266.

24 Berücksichtigt man das rechtskatholische Spektrum, ging den beiden genannten die Plattform *kreuz.net* (2004) noch um fünf Jahre voran. Sie trug, zusammen mit *gloria.tv*, zum Bedeutungsverlust des *13.* und der diesem vergleichbaren, seit 1988 erscheinenden Zeitschrift *Die weiße Rose* von Albert Pethö bei.

neben der *Aula* die *Fakten* (beide 2018) und die Medien der Arbeitsgemeinschaft für demokratische Politik (AfP, 2021). Doch nicht nur Traditionstitel fielen der Konkurrenz um einen überschaubaren Markt zum Opfer. Auch manche Zeitschriften, die erst in den letzten zehn Jahren entstanden waren, sind bereits wieder von der Bildfläche verschwunden, darunter neben dem *Wochenblick* u. a. *Frank & Frei* (aus der Parteiakademie des Team Stronach) und das vom Unternehmer Ronald Seunig finanzierte Monatsblatt *alles roger?*. Letzteres firmierte nicht nur im Untertitel als „Querformat für Querdenker", sondern kann auch als Versuch beschrieben werden, in Österreich eine Art Querfront-Magazin für verschwörungsaffine Personen unterschiedlicher weltanschaulicher Herkunft zu etablieren. 2015 gegründet, erwies es sich trotz augenfälliger Bemühungen um ein möglichst breites Publikum (Lifestyle-Berichterstattung, Interviews mit Hollywood-Stars) bei sehr aggressiver Preispolitik (Jahresabo zum eher symbolischen Preis von zwölf Euro) als ökonomisch nicht tragfähig und wurde 2019 eingestellt.

Bemerkenswerter noch als das Scheitern von *alles roger?* erscheint die Einstellung des *Wochenblick*, zumal dieses Medium die Möglichkeiten des Internet besonders erfolgreich zu nutzen schien – namentlich das Potenzial, mit überschaubarem Mitteleinsatz (kein Druck, keine Versandkosten) ein weit größeres Publikum zu erreichen, als es mit vergleichbarem Aufwand über traditionelle Printprodukte möglich wäre. Der *Wochenblick* verzeichnete nicht nur hohe Zugriffszahlen, sondern zeigte sich insbesondere bei den Interaktionszahlen auf sozialen Medien stark (und teilweise auf Augenhöhe mit etablierten Medien). Doch weder dieser Erfolg, noch FPÖ-Inserate und staatliche Förderungen im Ausmaß von über 200.000 Euro konnten ihm das Überleben sichern. Eine statistische Auswertung des Grünen-nahen Watchblogs *Stoppt die Rechten* zeigt, dass die während der Hochzeiten der Corona-Protestbewegung erzielten Reichweitenrekorde längerfristig nicht gehalten werden konnten. Wenngleich dies auch für die Konkurrenz von *AUF1* und *Report24* galt, verzeichneten diese beiden einen Großteil ihrer Leserschaft in Deutschland, wie überhaupt eine erfolgreiche Erschließung des – weiter größeren – deutschen Marktes die ökonomische Tragfähigkeit österreichischer Online-Medien des rechten Randes sehr wesentlich begünstigt.[25] Nicht umsonst hat etwa *unzensuriert.at* 2017 mit dem Ableger *unzensuriert.de* dorthin expandiert und *AUF1* 2022 ein Büro in Berlin eröffnet.[26]

---

25 „Wochenblick" am Ende: eine statistische Einordnung, Stoppt die Rechten, URL: https://www.stopptdierechten.at/2022/12/21/wochenblick-am-ende-eine-statistische-einordnung (abgerufen 12.1.2023).

26 Zum Aufstieg von AUF1 zum „Leitmedium für Verschwörungsideologen" im deutschsprachigen Raum vgl. Werner Reisinger, Voll auf Expansionskurs, Süddeutsche Zeitung, 24.2. 2023, URL: https://www.sueddeutsche.de/politik/oesterreich-auf1-verschwoerungsideologen-demonstrationen-1.5756583 (abgerufen 25.2.2023). Zu Entstehung, Finanzierung, Inhalten

In Vorbereitung der Expansion hatte ein Kleinlaster mit *AUF1*-Branding mehrere Tourneen durch Deutschland absolviert und dabei bevorzugt am Rande von Corona-Demonstrationen Halt gemacht.

Innerhalb Österreichs hat sich das geografische Zentrum der rechtsextremen Medienlandschaft in den letzten Jahren verschoben. Nachdem lange Zeit Graz (u. a. mit dem Aula- und dem Stocker-Verlag, den Zeitschriften *Aula* und *Neue Ordnung* sowie den *Huttenbriefen*) neben der Hauptstadt Wien die zentrale Rolle gespielt hatte, hat sich inzwischen Linz – als Erscheinungsort von *Info-DIREKT*, *Report24* und *AUF1* sowie vorübergehend des *Wochenblick* – in den Vordergrund geschoben.

2. Funktionen: Medien als „informationelles Kapillarsystem"

„Medien transportieren ideologische Elemente, aktuelle Kampagnenthemen und Begriffe in die vielfältigen Verästelungen der rechtsextremistischen Netzwerke. Sie halten die Szene auf dem Laufenden und binden die Anhänger ein. Das geschriebene, vor allem das gedruckte Wort hat auch symbolischen Wert: Es gibt rechtsextremistischen Botschaften scheinbares Gewicht, Substanz und Dauerhaftigkeit".

So fasst Thomas Pfeiffer die Funktionen szeneeigener Medien für die extreme Rechte zusammen und charakterisiert jene Medien dabei als das „informationelle Kapillarsystem", das die Szene brauche, „um gemeinsam aktions- und strategiefähig zu bleiben."[27] Ein Gutteil dieser Funktionen ist über die Jahrzehnte konstant geblieben. Das gilt auch für die in Pfeiffers Zusammenfassung ausgesparte Wirkung von Medien über die Szene hinaus, d. h. ihren propagandistischen Wert. Entsprechende Ziele umfassen die Erreichung und möglichst Überzeugung Außenstehender von den eigenen Analysen, Zielen und Forderungen, die Politisierung und Ideologisierung apolitischer Kreise im eigenen Sinne sowie die Verankerung der eigenen Problemdefinitionen, Rahmungen und Begriffe im breiteren öffentlichen Diskurs. Im Inneren geht es vor allem um Identitätsstiftung und die Bindung der eigenen Leute an die Gruppe, Partei oder Bewegung. Diese Bindung erfolgt durch die Rückversicherung, Teil einer Gemeinschaft der Guten zu sein (Gemeinschaftsbildung), die über die richtigen

und Vernetzungen des Mediums vgl. Nina Horaczek, Auf1.tv – Sprachrohr rechter Verschwörungsideologien, Zentrum Liberale Moderne, URL: https://gegneranalyse.de/fallstudie-3-auf-1 (abgerufen 25. 7. 2023).

27 Thomas Pfeiffer, Das Kapillarsystem – Geschichte und Entwicklung der rechtsextremistischen Presse, Bundeszentrale für politische Bildung, URL: https://www.bpb.de/themen/rechtsextremismus/dossier-rechtsextremismus/239223/das-kapillarsystem-geschichte-und-entwicklung-der-rechtsextremistischen-presse (abgerufen am 22. 2. 2023). Vgl. zu den Funktionen ferner Goetz, Rechtsextremismus und Medien, 35–39.

Überzeugungen und Lösungen verfügt (ideologische Festigung) und dabei die maßgeblichen Gegenkräfte des Guten identifiziert hat (Feindbildpflege). Auch das Zelebrieren der eigenen Opferinszenierung – bei gleichzeitiger Versicherung, Stimme einer (in der Regel schweigenden) Mehrheit zu sein – trägt zur Gemeinschaftsbildung bei.

Wenngleich die Digitalisierung die althergebrachten Funktionen rechtsextremer Medien in ihren Grundzügen bewahrt hat, blieb sie doch nicht folgenlos.[28] Sie hat den Resonanzraum für propagandistische Betätigung enorm vergrößert und die Möglichkeiten der Vernetzung auf die transkontinentale Ebene gehoben.[29] Rekrutierung, Identitätsstiftung und Gemeinschaftsbildung können nun, durch den interaktiven Charakter sozialer Medien und die Möglichkeit, Personen in viel höherer Frequenz als bisher anzusprechen, weit effektiver betrieben werden. Manches spricht zudem dafür, dass die Funktionslogiken digitaler Medien im Allgemeinen und sozialer Medien („Web 2.0") im Besonderen Rechtsextremen besonders entgegenkommen. Emotionalisierende Inhalte, vor allem negativer Art (Wut, Trauer, Empörung), rufen mehr Interesse und Interaktion hervor als positive Meldungen und rationale Argumentation[30], was die Algorithmen wiederum mit erhöhter Sichtbarkeit solcher Inhalte belohnen. Gleiches gilt für die Privilegierung knapper (verkürzter), dichotomer und bildhafter Darstellungen gegenüber Komplexität und der Schriftform. Das Web 2.0 kommt damit einer Politik der Angstmache, der Dauermobilisierung und des Propaganda-Stakkatos entgegen, das dem gerade von rechten Medien so oft beschworenen „Selberdenken" mehr im Wege steht, als es zu fördern. Verschwörungserzählungen und keinerlei journalistischen Standards unterliegende Desinformation sind online nicht nur einfacher zugänglich denn je, sondern bilden auch die Grundlage für die Herausbildung virtueller Hassgemeinschaften, die sich um diese Erzählungen sowie um geteilte negative Emotionen und Feindbilder gruppieren.[31]

Auch für die mediale Begleitung politischer Praxen, wie aktionistische Interventionen oder Kundgebungen, haben sich neue Möglichkeiten eröffnet. Schon immer haben rechtsextreme Medien für Veranstaltungen der eigenen Szene mobilisiert und anschließend über deren Verlauf berichtet. Nun aber ist es

---

28 Vgl. zu den Funktionen des Internet für die extreme Rechte Anton Maegerle/Samuel Salzborn, Die dunkle Seite des WWW. Rechtsextremismus und Internet, in: Zeitschrift für vergleichende Politikwissenschaft 10 (2016) 7, 213–231; Weidinger, Neue Medien, 121–127.

29 Vgl. Ralf Wiederer, Die virtuelle Vernetzung des internationalen Rechtsextremismus, Herbolzheim 2007.

30 Vgl. Claire E. Robertson et al, Negativity drives online news consumption, in: Nature Human Behaviour 7 (2023) 5, 812–822, https://doi.org/10.1038/s41562-023-01538-4.

31 Vgl. dazu Andreas Peham, Rassistische Gemeinschaftsbildung 4.0. Zur virtuellen Massenbildung in den Neuen Sozialen Medien, in: Österreich in Geschichte und Literatur 61 (2017) 3, 279–288.

möglich, diese Ereignisse live zu begleiten, wovon die rechtsextreme Publizistik Österreichs etwa während der großen Corona-Proteste 2020 bis 2022 ausgiebig Gebrauch machte. Die verschiedenen Medienprojekte überboten einander regelrecht mit Live-Einstiegen, Interviews von vor Ort und Videoaufnahmen überwundener Absperrungen oder vermeintlicher Polizei-Übergriffe. Der von „identitären" Aktivisten betriebene *Heimatkurier* etwa lieferte über Telegram Updates in Echtzeit über Polizeitaktiken, den Verlauf linker Gegenkundgebungen oder die jeweiligen Standorte parallel durch Wien ziehender Demonstrationszüge.

Die digitalen Medien haben aber nicht nur die Berichterstattung über politischen Aktionismus verändert, sondern auch den Aktionismus selbst. Unternehmungen wie das Anbringen von Bannern auf öffentlichen Gebäuden oder Brücken durch eine Handvoll Personen zu nachtschlafender Zeit hätten früher propagandistisch kaum Sinn ergeben, da sie weder Mobilisierungsstärke signalisierten noch eine relevante Zahl an Menschen davon Notiz genommen hätte. Heute werden solche Aktionen durchgeführt, weil weder die Zahl der an der Aktion Beteiligten noch die Zahl der AugenzeugInnen von Belang ist. Es zählt allein das virale Potenzial der Aktion, welches sich wiederum aus ihrem Schauwert und der Güte der Inszenierung ergibt. In anderen Worten: Es geht bei derartigen Aktionen nicht darum, Massen auf die Straße zu bringen, sondern gute Bilder zu produzieren, die anschließend über soziale Medien verbreitet werden können. Ergänzend werden auch traditionelle, nicht-rechte Medien in Dienst genommen, die geschickt inszenierte Bilder oft nur allzu gerne aufgreifen. Ein drittes Element dieser neuartigen rechtsextremen Medienstrategie, die in Österreich maßgeblich von den neofaschistischen Identitären popularisiert wurde[32], ist eine offensive Medienarbeit, die das lange Zeit übliche klandestine Agieren nach dem Motto „keine Namen, keine Gesichter" durch aktives Zugehen auf Medien ersetzt. Der rechtsextreme Kader von heute spricht in jedes Mikrofon, das ihm hingehalten wird, öffnet mitunter gar für Homestorys seine Pforten und posiert bereitwillig für begleitende Bilderstrecken.

Unter den verschiedenen Funktionen rechtsextremer Medien in Österreich ist ihr kommerzieller Nutzen von geringerer Bedeutung. Angesichts schmaler bis nicht vorhandener Inseratenaufkommen und eines stark umkämpften Marktes ist das durchschnittliche rechtsextreme Periodikum hierzulande im Allgemeinen froh, nach Deckung der Lebenshaltungskosten seiner MacherInnen mit einer

---

32 Vgl. Judith Goetz, „… in die mediale Debatte eindringen". Identitäre Selbstinszenierungen und ihre Rezeption durch österreichische Medien, in: Judith Goetz/FIPU/Markus Sulzbacher (Hg.), Rechtsextremismus. Band 4: Herausforderungen für den Journalismus, Wien 2021, 105–135. Zum rechtsextremen Umgang mit JournalistInnen nicht-rechter Medien vgl. in derselben Publikation Fabian Schmid, Zwischen Einhegung und Drohungen. Rechtsextreme Umgangsformen mit Journalist*innen, ebd., 177–193.

schwarzen Null zu bilanzieren. Zumindest potenziell eröffnen die online erschließbaren Reichweiten jedoch auch die Option monetärer Gewinne. Teilweise werden solche auf Umwegen realisiert, nicht zuletzt über eigene Webshops, in denen Produkte zur Bewältigung all jener Bedrohungen feilgeboten werden, die man zuvor systematisch herbeigeschrieben hat.

Als ein letzter Punkt sei die Funktion erwähnt, die rechtsextreme Medien für die FPÖ erfüllen. Bereits während der Obmannschaft Jörg Haiders (1986 bis 2000) führten Freiheitliche vielfach Beschwerde über die nach ihrem Dafürhalten feindselige Berichterstattung etablierter Medien. Gleichzeitig verstand Haider es, die Reflexe und Aufmerksamkeitslogiken derselben Medien durch gezielte Provokationen für eigene Zwecke zu nutzen.[33] Während der Obmannschaft vonHeinz-Christian Strache (2005 bis 2019) nahm die Partei zudem den Aufbau einer Art medialer Parallelwelt in Angriff, um die eigenen SympathisantInnen im erwünschten Sinn informiert zu halten und sie gleichzeitig vom Einfluss der viel geschmähten „Mainstream-Medien", allen voran der von freiheitlicher Seite gerne als „Rotfunk" diffamierte *Österreichische Rundfunk* (ORF), abzuschneiden.[34] Dazu baute die Partei zum einen mit erheblichem Mitteleinsatz eigene Medien auf, namentlich *FPÖ-TV*, die Facebook-Seite des Parteiobmannes und das formal parteiunabhängige, de facto aber von freiheitlichen Parteikadern ersonnene und betriebene Portal *unzensuriert.at*. Zum anderen wurde die Förderung sogenannter „Alternativmedien" intensiviert. Diese verbreiten im Wesentlichen dieselben Inhalte, vermeiden dabei aber den kompromittierenden Geruch des Parteimediums. Die Förderung solcher Medien erfolgt monetär (über Inserate) ebenso wie durch Gastkommentare und das Teilen von Inhalten auf sozialen Medien durch Parteiaccounts. Zusätzlich an Gewicht gewannen die „alternativen" Medien durch die Entfremdung zwischen Partei und *Kronenzeitung* im Gefolge der „Ibiza-Affäre".[35] Auf einer AfD-Tagung 2020 bekannte der freiheitliche Nationalratsabgeordnete Christian Hafenecker sich zu einer gezielten Förderung entsprechender Organe als Teil der freiheitlichen Medien-

---

33 Zur Medienstrategie der FPÖ unter Haider und zum Fortleben ihres Spiels mit den Medien unter dessen NachfolgerInnen vgl. Brigitte Bailer, Provokationen, Ängste, Katastrophen. Das rechtsextreme und rechtspopulistische Spiel mit den Medien, in: Judith Goetz/FIPU/Markus Sulzbacher (Hg.), Rechtsextremismus Band 4: Herausforderungen für den Journalismus, Wien 2021, 88–104, 88–99.

34 Vgl. Weidinger, Medien von heute, 261–263.

35 Die 2019 publik gewordenen Videoaufnahmen einer Unterredung zwischen Heinz-Christian Strache und einer vermeintlichen russischen Oligarchennichte auf der Baleareninsel 2017 dokumentierten die Absicht des damaligen FPÖ-Obmanns, die auflagenstärkste Tageszeitung Österreichs über eine Veränderung ihrer Eigentümerstruktur unter den Einfluss der Partei zu bringen.

strategie nach Ibiza – explizit genannt wurden dabei u. a. *Info-DIREKT*, das *Freilich*-Magazin und der *Wochenblick*.[36]

3.   Themen, Inhalte und Feindbilder

In inhaltlicher Hinsicht spiegeln die Transformationen rechtsextremer Medien in Österreich von den Nachkriegsjahren bis heute die Entwicklung rechtsextremer Weltanschauung selbst wider. Erhalten geblieben ist das Kernziel „völkischer Reinheit", doch Konzepte und Begriffe haben sich ebenso verändert wie manche Themensetzung. In letzterer Hinsicht besteht die auffälligste Veränderung darin, dass die in der rechtsextremen Publizistik der 1950er oder 1960er Jahre omnipräsente Beschäftigung mit der nationalsozialistischen Vergangenheit heute weitgehend vermieden wird und im Wesentlichen auf die neonazistischen Organe beschränkt bleibt. Dafür ist nicht nur der Generationenwechsel verantwortlich, der Frontsoldaten und BDM-Führerinnen in den Redaktionen durch Nachgeborene ersetzte und auf Seiten der Leserschaft jedenfalls die autobiographisch begründete Nachfrage nach verklärenden Darstellungen des NS-Regimes senkte. Vielmehr setzte sich mit dem gesamtgesellschaftlichen Wandel der Erinnerung an den Nationalsozialismus hin zu einer eindeutig ablehnenden Haltung zunehmend die Erkenntnis durch, dass Versuche zur Rehabilitierung des Regimes einem Kampf gegen Windmühlen gleichkamen, der seine Protagonisten den Massen eher entfremdete als sie ihnen zuzuführen. Dieses politische Kalkül erfuhr durch die rechtlichen Risiken pro-nationalsozialistischer Äußerungen – insbesondere ab der Verbotsgesetznovelle von 1992, die wesentliche Strafbarkeitslücken schloss – noch zusätzliche Bekräftigung.

Wo eine Auseinandersetzung mit der NS-Vergangenheit stattfindet, wird sie vorrangig indirekt geführt. Geklagt wird über den sogenannten „Schuldkult", verstanden als ein obsessives, quasi-religiöses Beschäftigen mit der NS-Zeit, das in den postnazistischen Staaten nach 1945 Platz gegriffen habe bzw. ihrer Bevölkerung von den „Siegermächten" und den politischen und kulturellen Eliten aufgezwungen worden sei.[37] Dass die in diesen Klagen zum Ausdruck kommende Schuld- und Erinnerungsabwehr auch die Grundlage des sekundären Antisemitismus[38] bildet, wird in eher traditionellen rechtsextremen Periodika beson-

---

36 Vgl. Weidinger, Medien von heute, 261 bzw. für eine Videoaufzeichnung der entsprechenden Rede Christian Hafenecker, Ibiza-Affäre: Was wusste Merkel?, AfD-Fraktion im Bundestag, URL: https://www.youtube.com/watch?v=_QtQHxMRpao (abgerufen am 19. 1. 2023).

37 Vgl. stellvertretend für diese Sichtweise Martin Sellner, Postkoloniale Angriffe auf den „Auschwitz-Mythos", Sezession.de, URL: https://sezession.de/64268/postkoloniale-angriffe-auf-den-auschwitz-mythos (abgerufen 22. 2. 2023).

38 Vgl. Andreas Peham, Kritik des Antisemitismus, Stuttgart 2022, 174–179.

ders deutlich. Diese bringen den vermeintlichen „Schuldkult" in direkten Zusammenhang mit antisemitischen Topoi wie „(alttestamentarische) Rachsucht"
und „Machtstreben" oder relativieren offen die NS-Verbrechen. In den inhaltlich
modernisierten Teilen der rechtsextremen Publizistik artikuliert sekundärer
Antisemitismus sich eher indirekt: über die Forderung nach Schlussstrichen, die
den Ermordeten noch die Erinnerung nehmen sollen, oder als perfide Form der
Schuldumkehr, wonach die Nachkommen der Opfer jene der TäterInnen mit
dem Imperativ ewigen Gedenkens gängelten. Sie pflanzten ihnen Schuldgefühle
und Selbsthass ein, verwehrten ihnen ein „gesundes" Nationalbewusstsein und
verdammten sie stattdessen zum „Ethnomasochismus". Die politische Motivlage
hinter diesen in rechten Kreisen weitverbreiteten Klagen ist offensichtlich: Die
Aufklärung über die NS-Verbrechen und ihre Vorgeschichte stellt ein Hindernis
für erfolgreiche rechtsextreme Betätigung in der Gegenwart dar. Gleiches gilt für
die politisch-rechtlichen Maßnahmen, die im Sinne des „Nie wieder" gesetzt
wurden. So ist das NS-Verbotsgesetz von 1945/1947, Mitte der 1970er Jahre ergänzt um den Verhetzungsparagraphen, 2015 schließlich um das Symbolegesetz,
bis heute ein beliebter Stein des Anstoßes innerhalb der rechtsextremen Publizistik geblieben. Nicht immer wird es explizit attackiert. Häufig verbergen sich
die Anwürfe auch hinter kryptischen Klagen über „Meinungsparagraphen",
„Politjustiz" und „Gesinnungsstrafrecht".

Ein weiteres Feld, das neben der NS-Rehabilitierung einst viel Raum in der
rechtsextremen Publizistik einnahm, inzwischen aber weitgehend aufgegeben
wurde, ist das Pochen auf den deutschen Charakter Österreichs. Der dahingehende Konsens zwischen christlich-konservativem, sozialdemokratischen und
national-freiheitlichem Lager war 1945 Geschichte. Vor dem Hintergrund der
Bestrebungen, den Nationalsozialismus zu externalisieren, wandten das offizielle
Österreich und seine staatstragenden Parteien SPÖ und ÖVP sich der Idee einer
österreichischen Nation zu, was lange Zeit ein bevorzugter Gegenstand von
Empörung und Polemik in rechtsextremen Medien blieb. Über kurz oder lang
konnte man sich jedoch der Erkenntnis nicht verschließen, dass der Deutsch-
nationalismus gesamtgesellschaftlich zum absoluten Minderheitenprogramm
verkommen war. So verloren die deutsche Nation und Volksgemeinschaft als
Referenz bei traditionalistischen Akteuren wie *Aula* und *Eckart* zumindest an
Bedeutung, während Teile der extremen Rechten sich sogar dem Österreichna-
tionalismus zuwandten. Heute steht vielerorts Österreich als Bezugsraum im
Vordergrund, teilweise ergänzt um größere Einheiten wie Europa oder das
„Abendland". Gleichzeitig ist die Bundesrepublik Deutschland in vielen öster-
reichischen Medien des rechten Randes extrem präsent geblieben: in Form von
Berichten über deutsche Politik, deutsche Projekte und Parteien oder auch durch
Gastkommentare deutscher Politiker, aktuell bevorzugt solcher der AfD, die etwa
in *Info-DIREKT* regelmäßig einen guten Teil der Seiten füllen. Grund dafür ist

neben deutschnationaler Tradition, dem gemeinsamen Sprachraum und den traditionell engen Beziehungen der deutschen und österreichischen Szenen zueinander nicht zuletzt ein ökonomisches Kalkül. Erst durch einen entsprechenden Fokus auf deutsche Themen, Inhalte und AkteurInnen wird ein Medium für den deutschen Markt interessant, was ihm wiederum das wirtschaftliche Überleben sichern kann.

Als für die rechtsextreme Publizistik in Österreich seit Jahrzehnten zentrales Thema lässt sich die Zuwanderung benennen. Sie gewann ab den 1960er Jahren – infolge der staatlichen Anwerbung von ArbeitsmigrantInnen zur Deckung des wachsenden Arbeitskräftebedarfs – zunehmend an Bedeutung in den einschlägigen Blättern, wo sie unter dem Schlagwort der „Ausländerfrage" diskutiert bzw. beklagt wurde. Arbeitsmigration wurde dabei bald mit Asyl und anderen Formen der Immigration vermengt, die aus rechtsextremer Sicht durchwegs Bedrohungen der so ersehnten inneren Homogenität darstellen. Während der rassistisch motivierte Abwehrkampf gegen vergangene, aktuelle und zukünftige Zuwanderung bis heute an der Spitze der rechtsextremen Agenda blieb, wurden im Lauf der 1980er und 1990er Jahre biologistische Argumentationen zunehmend durch kulturalistische ersetzt.[39] Heute wird, nach einem weiteren rhetorischen Modernisierungsschub, über „Bevölkerungsaustausch" geklagt statt über „Umvolkung" und wird zur Behebung dieses Missstandes „Remigration" gefordert statt „Ausländer raus".

Überhaupt hat die Feindbildpflege, ebenfalls im Einklang mit „neurechten" bzw. „identitären" Anpassungsleistungen, sich tendenziell verschoben – von den Objekten rassistischer Abwertung selbst auf die „Eliten", die den „Austausch" angeblich ins Werk setzen, und den Liberalismus als deren ideologische Basis.[40] Dass jenes Eliten-Feindbild, aktuell häufig mit dem Terminus „Globalisten" belegt, seinerseits einen Wiedergänger alter antisemitischer Feindbestimmungen darstellt, illustriert sowohl die ideologischen Kontinuitäten, als auch die rhetorischen Anpassungsleistungen rechtsextremer Publizistik. Gerade der im öffentlichen Diskurs nach Auschwitz weithin diskreditierte Antisemitismus wird heute vorrangig in codierter Form artikuliert. Wie Margit Reiter für das „Ehemaligen"-Milieu (auch anhand entsprechender Periodika wie der *Aula*, der *Neuen Front* und den *Mitteilungen* der Wohlfahrtsvereinigung der Glasenbacher) aufzeigt, wurde bereits früh zu solchen Codes gegriffen. So avancierte etwa „Emigrant" zu einem „zentrale[n] Codewort nach 1945, um jemanden als ‚jü-

---

39 Vgl. Schiedel, Der rechte Rand, 31–36.

40 Eigentliches Feindbild ist dabei die Idee universeller Gleichheit. Rechtsextreme bekämpfen dementsprechend jede Form universalistisch-egalitär ausgerichteter Politik. Vor dem Hintergrund der Marginalisierung marxistisch inspirierter Bewegungen wird heute die liberale Spielart (Menschenrechte und Postulat der Gleichheit bürgerlicher Rechtssubjekte und MarktteilnehmerInnen) als hegemonial identifiziert und vorrangig ins Visier genommen.

disch' zu identifizieren, ohne es direkt auszusprechen."[41] Parallel zur abnehmenden Salonfähigkeit von (offenem) Antisemitismus wurden

> „[a]us den ‚bekennenden' Antisemiten […] zunehmend ‚verschämte' Antisemiten, die demzufolge auch jeden Antisemitismus-Vorwurf immer empört von sich wiesen. […] Die Grenzen des ‚Sagbaren' (Was darf man wo und wie sagen?) wurden ständig ausgelotet und es kam infolgedessen häufig zu einem *double speak*, das heißt zu einer Diskrepanz zwischen Äußerungen im Binnenmilieu und der öffentlichen Rede über den Holocaust und Juden, der im Grunde bis heute anhält."[42]

Mancherorts, wie etwa in der *Aula*, blieben die „Grenzen des Sagbaren" bis in die jüngste Vergangenheit äußerst weit gezogen.[43] In anderen rechtsextremen Medien vermeidet man, analog zur NS-Thematik, jede direkte Benennung von Personen als jüdisch, setzt stattdessen auf die Suggestivkraft jüdisch klingender Namen oder beschränkt sich auf Markierungen wie „geboren in Israel" oder „Sohn eines Holocaust-Überlebenden". Im Unterschied zu Antisemitismus wird Rassismus mitunter nach wie vor sehr offen artikuliert. Das gilt heute vor allem für dessen antimuslimische Variante, die für die extreme Rechte in Österreich ab den frühen 2000er Jahren stark an Bedeutung gewann.[44]

Die in diesem Abschnitt angesprochenen Transformationen insbesondere der rechtsextremen Rhetorik erfolgten nicht über Nacht und selten im ersten Anlauf. Erste Versuche, die in Frankreich und Deutschland ab den späten 1960er Jahren aufgekommenen „neurechten" Ansätze nach Österreich zu importieren – zu nennen wären die *Kritische Studenten Zeitung* (ab 1984) und die kurzlebige *Aula*-Jugendausgabe *Identität* (1990 bis 1994) – scheiterten am Traditionalismus der hiesigen extremen Rechten. Zu einem – im Wesentlichen kosmetischen – Modernisierungsschub auf breiterer Basis kam es unter dem Einfluss der sogenannten Identitären Bewegung der 2010er Jahre. Eindrücklich illustrieren lässt dieser Schub sich anhand der *Aula*, die bis zuletzt an einem dezidiert „altrechten" Kurs festgehalten hatte. Ihr folgte nach ihrer Einstellung 2018 mit *Freilich* als neues Medium der Freiheitlichen Akademikerverbände just jenes Magazin nach, das heute am idealtypischsten den „neurechten" Ansatz in Inhalt, Stil und Autorenstamm verkörpert.

---

41 Reiter, Die Ehemaligen, 294 bzw. generell zum Antisemitismus in diesem Milieu und seinen Parteien (VdU, FPÖ) 288–314.
42 Ebd., 312–313.
43 Vgl. Juliane Wetzel, Bedient *Die Aula* antisemitische Stereotype?, SOS Mitmensch, URL: https://www2.sosmitmensch.at/dl/kmMqJKJKMmmJqx4kJK/Juliane_Wetzerl_Aula-Gutacht en_Antisemitismus_Februar2018_.pdf (abgerufen am 20.1.2023); Bernhard Weidinger, Die Aula 2017: Gegen ‚Ostküste', ‚Blutsvermischung' und ‚parasitäres Großkapital', DÖW, URL: https://www.doew.at/cms/download/q38k/aula_2017.pdf (abgerufen 20.1.2023).
44 Vgl. Leila Hadj Abdou/Sieglinde Rosenberger, Islam at Issue. Anti-Islamic Mobilization of the Extreme Right in Austria, in: Andrea Mammone/Emmanuel Godin/Brian Jenkins (Hg.), Varieties of Right-Wing Extremism in Europe, London 2013, 149–163.

III. Fazit

Die rechtsextreme Publizistik in Österreich hat seit 1945 einen langen Weg zurückgelegt: von den Anfängen unter den Bedingungen von Papiermangel, Entnazifizierung und alliierter Kontrolle bis hin zur Gegenwart, in der manch einschlägiges Medium ganz ohne Papier auskommt, einige sogar staatliche Presseförderung beziehen[45] und neue LeserInnen vorwiegend online abgeholt werden. Manches Merkmal dieser spezifischen Medienlandschaft blieb über die Jahrzehnte erhalten, darunter der Anti-Egalitarismus und der völkische Reinheitswunsch als ideologischer Kern und wesentliche Funktionen wie Propaganda, Ideologisierung, Gemeinschaftsbildung/Identitätsstiftung und Bindung der eigenen Klientel.

Demgegenüber stehen Veränderungen wie der Bedeutungsverlust einiger Themen (Nationalsozialismus) zugunsten anderer (Zuwanderung/Multikulturalismus), die Ergänzung deutschnationaler durch austrochauvinistische Standpunkte und Verschiebungen in den Feindbildern (hin zu MuslimInnen, liberalen Eliten, Queerness im Allgemeinen und – in jüngster Zeit – Transpersonen im Besonderen). Die Popularisierung eigener Begriffe und Frames wird seit der Durchsetzung „neurechter" Strategien in den 2010er Jahren gezielter und systematischer betrieben, wobei die verwendete Terminologie den Hang des modernen Rechtsextremismus zu rhetorischer Mimikry unterstreicht.

Während diese Veränderungen rechtsextremer Publizistik Transformationen des Rechtsextremismus selbst abbilden (die ihrerseits gesellschaftlichen Wandel, etwa in Gestalt der zunehmenden Delegitimierung „altrechter" Rhetorik, reflektieren), zeitigte ein Prozess – jener der Digitalisierung – so unmittelbare wie massive Auswirkungen (auch) auf die rechtsextreme Medienlandschaft. Manch alteingesessener Akteur ist in den letzten fünfzehn Jahren abgetreten, zahlreiche neue sind hinzugekommen. Insbesondere crossmedial operierende Projekte erweisen sich als erfolgreich, der traditionelle Print-only-Ansatz bedient nur noch Nischen. Die aktuell erfolgreichsten Anbieter nutzen verschiedene mediale Plattformen und Formate gleichzeitig und teilweise durchaus effektiv. Im parteipolitischen Spektrum hat die FPÖ das Potenzial der „neuen Medien" früher

---

45 Die Wochenzeitungen *NFZ*, *Zur Zeit* und *Wochenblick* kamen auch 2022 in den Genuss der staatlichen Vertriebsförderung für Wochenzeitungen (KommAustria, Ergebnis: Vertriebsförderung für Wochenzeitungen, URL: https://www.rtr.at/medien/was_wir_tun/foerderung en/pressefoerderung/ergebnisse/2022/vertriebsfoerderung_wz2022.de.html, abgerufen am 20.1.2023). 2020 bezogen *NFZ* und *Wochenblick* darüber hinaus die aufgrund der Covid-19-Pandemie aufgelegte Sonderpresseförderung (KommAustria, Ergebnis der Förderung gemäß §12c des Presseförderungsgesetzes, URL: https://www.rtr.at/medien/was_wir_tun/foerderun gen/pressefoerderung/ergebnisse/2020/Ergebnisse_Sonderpressefoerderung_12c_2020.pdf, abgerufen am 20.1.2023).

erkannt und systematischer genutzt als andere. Durch eigenständige Bespielung derselben und flankierende Förderung von Medienprojekten im ideologischen Nahraum hat sie eine Parallel-Infosphäre errichtet, in der die sogenannte „Mainstream-Presse" nur noch als Feindbild eine Rolle spielt.

Die Digitalisierung hat auch der außerparlamentarischen extremen Rechten neue Potenziale erschlossen. Online, wo der „rechte Rand" oft nur einen Klick entfernt liegt, gelingt mitunter ein Ansprechen ideologisch nicht einschlägig vorgeprägter Klientel. Wer die neuen Instrumente geschickt zu bedienen weiß, hat große Budgets nicht nötig, um ein großes Publikum zu erreichen. Die eigenen Botschaften können nun in höherer Frequenz und fast in Echtzeit verbreitet werden. Kommunikation mit dem Publikum lässt sich interaktiver gestalten, was die Bindung desselben begünstigt. Vernetzung über Ländergrenzen und sogar über Kontinente hinweg ist nun ein Leichtes. Und gerade das Web 2.0 belohnt mit erhöhter Sichtbarkeit, was Rechtsextreme schon immer praktizierten: das Schüren von Angst und Wut (negative Emotionalisierung) sowie vereinfachende, personalisierende und/oder bildhafte Darstellungen (Verschwörungs- und Sündenbocknarrative). Auch abseits des Publizistischen hat die Digitalisierung Spuren hinterlassen: Straßenaktionismus wird zunehmend am viralen Potenzial der Aktion anstatt auf Masse ausgerichtet, die ästhetische Inszenierung und digitale Verwertung von Protest haben gegenüber der Zahl der ProtestteilnehmerInnen an Bedeutung gewonnen.

Zuletzt hat die globale Ausnahmesituation der Corona-Pandemie, wie in Krisenzeiten häufig, bei vielen Menschen den Wunsch nach „alternativen" Welterklärungen verstärkt und sie für Verschwörungsphantasien und fragwürdige (Des-)Informationsangebote anfällig gemacht. Viele rechtsextreme Medien haben davon profitiert und manche von ihnen werden den Schwung in die Post-Pandemie-Ära mitnehmen können.

Trotz Rückenwind durch die politische Gesamtsituation bleibt der rechtsextreme Medienmarkt umkämpft. Bei allen Bekenntnissen am selben Strang zu ziehen, bei allem Inseratentausch und wechselseitiger Bewerbung auf sozialen Medien, konkurriert man doch um eine überschaubare Klientel. Auch vor diesem Hintergrund wird von „neurechten" Strategen seit einigen Jahren das Konzept der sogenannten „Mosaikrechten" propagiert. Diesem zufolge soll ein Dreigestirn aus Partei (im Fall Österreichs: der FPÖ), (Straßen-)Aktivismus und „Alternativmedien" arbeitsteilig auf das gemeinsame Ziel – die Umgestaltung von Gesellschaft zur (Volks-)Gemeinschaft – hinarbeiten. Die Rolle der Medien besteht dabei nicht nur darin, die Botschaften der Partei zu verbreiten, ihre Konkurrenz mit Negativberichterstattung zu überziehen und über aktivistische Interventionen zu berichten. Auch wird ihnen die Aufgabe zugedacht, im Sinne eines rechts gewendeten Gramscianismus die eigenen Begriffe und Rahmungen gesellschaftlicher Entwicklungen im öffentlichen Diskurs zu verankern. Auf diese Weise soll der parteipolitischen Machtübernahme der Weg geebnet und sichergestellt werden, dass diese auch die gewünschten nachhaltigen Veränderungen bringt. Erst mit der öffentlichen Meinung im Rücken könne die FPÖ in Regierungsverantwortung ihr Programm umsetzen, statt ihre zu Oppositionszeiten erhobenen Forderungen zu verraten oder sich von „Mainstream-Medien" und/oder dem jeweiligen Koalitionspartner zu Distanzierungen vom eigenen politischen Vorfeld nötigen zu lassen. Ob diese Strategie aufgeht, hängt nicht nur vom Geschick der rechtsextremen Medienmacher ab – sondern, wie immer, mindestens ebenso sehr davon, was ihnen ihre GegnerInnen im Kampf um Bedeutungen, Begriffe, Sinnstiftung und Welterklärung entgegenzusetzen haben.

Constanze Jeitler

Autorität? Rechtsextrem? Populistisch?
Die sozialwissenschaftliche und zeithistorische Forschung zum Rechtsextremismus in Österreich von den 1970er bis zu den 1990er Jahren

I. Einleitung und Erkenntnisinteresse

Mitte der 1980er Jahre erfuhr die Freiheitliche Partei Österreichs (FPÖ) einen kometenhaften Aufstieg an den Wahlurnen: von einer Partei am Rande des Ausscheidens aus dem Nationalrat über die Verdoppelung des Stimmenanteils unter dem neuen Parteichef Jörg Haider bei der Nationalratswahl 1986 bis zum historisch höchsten Ergebnis für die FPÖ mit 26,91 Prozent der Stimmen im Jahr 1999 und der anschließenden Regierungsbeteiligung in der schwarz-blauen Koalition von 2000 bis 2006. Dieser Aufstieg wurde begleitet von einer schier unüberschaubaren Anzahl von wissenschaftlichen Publikationen, u. a. aus dem Bereich der Politikwissenschaft, Psychologie und Zeitgeschichte und medialen sowie juristischen Auseinandersetzungen, die sich auch um die Begrifflichkeiten „Rechtsextremismus" und „(Rechts-)Populismus" drehten.[1] Populär waren außerdem Bücher, die antisemitische, geschichtsrevisionistische und rassistische

---

1 Für die mediale Auseinandersetzung mit der FPÖ und Haider seien an dieser Stelle exemplarisch die Arbeit von Kurt Kuch und Hans-Henning-Scharsach bei *News* und Hubertus Czernin beim *Profil* genannt. Alle drei verfassten auch Bücher über Jörg Haider und die FPÖ, z. B. Kurt Kuch/Hans-Henning Scharsach, Haider. Schatten über Europa, Köln 2000 oder Hubertus Czernin, Der Haider-Macher. Franz Vranitzky und das Ende der alten Republik, Wien 1997. Am Übergang zwischen Politikwissenschaft und Zeitgeschichte sind einige Arbeiten Anton Pelinkas zur FPÖ einzuordnen, z. B. Anton Pelinka, Die FPÖ in der vergleichenden Parteienforschung. Zur typologischen Einordnung der Freiheitlichen Partei Österreichs, in: Österreichische Zeitschrift für Politikwissenschaft 31 (2002) 3, 281–290. Erwähnenswert sind auch die diskurshistorischen Arbeiten der Linguistin Ruth Wodak, z. B. zuletzt: Politik mit der Angst. Die schamlose Normalisierung rechtspopulistischer und rechtsextremer Diskurse, Wien/Hamburg 2020. In der Psychologie war es der Kreis um den Klagenfurter Professor Klaus Ottomeyer, der sich mit Jörg Haider, Populismus und Rechtsextremismus aus sozialpsychologischer Sicht beschäftigte, z. B. Harald Goldmann/Hannes Krall/Klaus Ottomeyer, Jörg Haider und sein Publikum. Eine sozialpsychologische Untersuchung, Klagenfurt/ Celovec 1992.

Aussagen des FPÖ-Chefs dokumentierten.[2] Es ist besonders die Bezeichnung „Populismus" (später vor allem „Rechtspopulismus"), die sich in dieser Zeit durchsetzte und die sich die FPÖ selbst zu eigen machte, um sich von den Stigmata „Rechtsextremismus", „Neonazismus" oder „ewiggestrig" zu distanzieren.

Dieser Beitrag skizziert auf der Grundlage einer historischen Diskursanalyse die Geschichte der wissenschaftlichen Auseinandersetzung mit dem Rechtsextremismus in Österreich, mit der FPÖ, ihrem politischen Umfeld, zentralen AkteurInnen und nicht zuletzt ihrem Wählerpotenzial. Untersucht wird im Folgenden also nicht die Geschichte der FPÖ, des Rechtsextremismus und -populismus in Österreich, sondern der wissenschaftliche Diskurs *über* das Milieu am rechten Rand in Österreich. Ab wann und in welcher Weise beschäftigte sich die Wissenschaft mit dem rechten Rand? Mit welchen Begriffen und dahinterstehenden Konzepten beschrieb sie jenes Milieu, das sich selbst gerne als das „Dritte Lager" sieht?

Der Beitrag gliedert sich in drei Abschnitte: Im ersten Abschnitt werden die Anfänge der sozialwissenschaftlichen und zeithistorischen Auseinandersetzung mit dem Rechtsextremismus in Österreich in den 1960er und 1970er Jahren behandelt. In dieser Zeit wurden nicht nur der Nationalsozialismus selbst, sondern auch seine Nachwirkungen und die „Bewältigung" der NS-Vergangenheit zu einem Forschungsfeld der Wissenschaft. Dabei stand auch die Frage im Raum, inwiefern immer noch autoritäre Einstellungen in der Bevölkerung vorhanden waren und welche Auswirkungen diese auf das österreichische Nationalbewusstsein in der Bevölkerung hatten. Der zweite Teil des Beitrags behandelt den Beginn der Auseinandersetzung mit Rechtsextremismus als Weltbild im Kontext der verstärkten Aktivitäten neuer rechtsextremer Gruppen wie der Nationaldemokratischen Partei (NDP) und der Aktion Neue Rechte (ANR) ab Mitte der 1970er Jahre. In diesem Abschnitt des Beitrags stehen besonders Studien von SozialwissenschaftlerInnen und HistorikerInnen an der Universität Linz und dem Dokumentationsarchiv des österreichischen Widerstandes (DÖW) im Zentrum. Letzteres widmete sich ab jener Zeit der Dokumentation und Erforschung rechtsextremer Organisationen, FunktionärInnen und Publikationen.

Der dritte Teil befasst sich mit dem Erscheinen des Begriffs „Populismus" auf der politischen und wissenschaftlichen Bühne in den frühen 1980er Jahren, insbesondere im Bereich der Politikwissenschaft. Hier rückten neben dem neuen populistischen Stil Jörg Haiders auch die damit angesprochenen WählerInnen ins Zentrum der Analysen. Der neue politische Stil wurde in den Kontext eines grundsätzlichen politischen und sozialwissenschaftlichen Paradigmenwechsels

---

2 Vgl. exemplarisch Hubertus Czernin, Wofür ich mich meinetwegen entschuldige. Haider, beim Wort genommen, Wien 2000 oder Brigitte Galanda, Ein teutsches Land. Die „rechte" Orientierung des Jörg Haider, Wien 1987.

seit den 1970er Jahren eingeordnet, der dazu führte, dass bisher gültige „polit-ökonomische Normen und kulturelle Orientierungsmuster" keine „selbstver-ständliche Ordnungskompetenz mehr" aufwiesen.[3] Auch in Österreich begannen die traditionellen Lagerbindungen, die über das bloße Wahlverhalten hinaus-gingen, im Kontext postmaterialistischer Wertekonflikte, sozialer und wirt-schaftlicher Strukturveränderungen und globaler Umwälzungen in jener Zeit zu erodieren.

Auf der einen Seite sind Rechtspopulismus und Rechtsextremismus als ana-lytische Konzepte in den Sozialwissenschaften übertheoretisiert und überpro-blematisiert, jedoch nicht hinreichend historisiert. Auf der anderen Seite wird in der Geschichtswissenschaft in der Beschreibung vergangener Phänomene die zeitgenössische sozialwissenschaftliche Analyse ebendieser zumeist ausgeblen-det.[4] Die Populismusforschung leide gar an „kollektiver Amnesie", so der His-toriker Anton Jäger: Analysen würden selten die Geschichte des Begriffs und historische Auseinandersetzungen darüber miteinbeziehen.[5] Auch der Politik-wissenschaftler Jan-Werner Müller bemängelte, dass die Diskussionen über Po-pulismus seit 2015 oft so klingen würden „als erlebten wir gerade ein einzigartiges ‚Zeitalter des Populismus' oder gar eine beispiellose ‚populistische Situation'."[6]

Eine historische Perspektive auf den Begriff „Populismus" zeigt jedoch, dass dieses Zeitalter bereits im späten 19. Jahrhundert begann. Er geht zurück auf die kurzlebige US-amerikanische People's Party, deren ProponentInnen sich in den 1890er Jahren selbst stolz als „populists" bezeichneten.[7] Aus der Historiografie über die People's Party ging in den 1950er und 1960er Jahren der Gebrauch des Wortes Populismus als Stigma für die Politik des McCarthyismus in der Frühphase des Kalten Krieges (Red Scare) hervor.[8] Diesen Wandel von einer Selbstbezeich-nung hin zu einem Stigmawort in den USA und später in Europa bezeichnet der Historiker Jäger als „semantic drift", also eine semantische Verschiebung, durch die ganz unterschiedliche politische Gruppen und Persönlichkeiten als „populis-tisch" bezeichnet wurden.[9] Frühe Versuche, eine Begriffsgeschichte des Populis-

---

3　Anselm Doering-Manteuffel/Lutz Raphael, Nach dem Boom: Perspektiven auf die Zeitge-schichte seit 1970, Göttingen 2010, 29.

4　Vgl. Theodore Porter/Dorothy Ross, Introduction: Writing the History of Social Science, in: Theodore Porter/Dorothy Ross (Hg.), The Cambridge History of Science: The Modern Social Sciences (Volume 7), Cambridge 2003, 1–10.

5　Anton Jäger. The Semantic Drift: Images of Populism in Post-War American Historiography and Their Relevance for (European) Political Science, Constellations 24 (2017) 3, 310–323, 319.

6　Jan-Werner Müller, Was ist Populismus, Berlin 2015, 15.

7　Zur Geschichte der „People's Party" siehe z. B. Michael Kazin. The Populist Persuasion. An American History, New York 1995.

8　Vgl. Richard Hofstadter, The Age of Reform, London 1965; Richard Hofstadter, The Paranoid Style in American Politics and Other Essays, Cambridge, Massachusetts 1964; Norman Pollack, The Populist Response to Industrial America, Cambridge, Massachusetts 1962.

9　Vgl. Jäger. The Semantic Drift, 130.

mus zu schreiben kamen über bloße Aufzählungen politischer Formationen von den russischen Narodniki bis zum Maoismus nicht hinaus.[10] Versuche, den Populismus global und ganzheitlich zu historisieren schlagen oft höchst wackelige Brücken vom historischen Faschismus über den lateinamerikanischen Populismus zu Donald Trump und vernachlässigen dabei lokale historische Entwicklungslinien.[11]

Auch in der sozialwissenschaftlichen Forschung zum Rechtsextremismus mangelt es oft an einer Auseinandersetzung mit der Begriffsgeschichte und den historischen Kontinuitäten des Phänomens. Dabei könnte eine solche Reflexion im deutschsprachigen Raum möglicherweise etwas Klarheit in die Diskussion um den umstrittenen Begriff Rechtsextremismus (bzw. -radikalismus) bringen. Die Debatten liegen vor allem darin begründet, dass „(Rechts-)Extremismus" seit den 1970er Jahren von bundesdeutschen Behörden als Arbeitsbegriff in Ermittlungen gegen Inhalte und Aktivitäten verwendet wird, die sich gegen das Grundgesetz und die freiheitlich-demokratische Grundordnung richten. Prägend für die Verwendung dieses Begriffs waren dabei die Berichte des Bundesamtes und der Landesämter für Verfassungsschutz in der Bundesrepublik Deutschland (BRD), die seit Anfang der 1970er Jahre jährlich erscheinen.[12] In Österreich gibt es erst seit 1997 Staatsschutz- bzw. Verfassungsschutzberichte, die „extremistische Aktivitäten" dokumentieren, zu denen in der Vergangenheit neben Rechtsextremismus beispielsweise auch Terrorismus, Spionage und organisierte Kriminalität gezählt wurden.[13]

Gideon Botsch stellte für die deutsche Zeitgeschichte fest, dass HistorikerInnen bislang wenig Interesse für das Phänomen Rechtsextremismus als Forschungsgegenstand gezeigt hätten.[14] Hier scheint sich derzeit ein Wandel abzuzeichnen, wie die Jahrestagung des „Archivs für Sozialgeschichte" der Friedrich-Ebert-Stiftung im September 2022 zum Thema „Rechtsextremismus nach 1945",

10 Vgl. Ernest Gellner/Ghita Ionescu (Hg.), Populism: Its Meanings and National Characteristics, London 1969; Hans-Jürgen Puhle, Was ist Populismus?, in: Helmut Dubiel (Hg.), Populismus und Aufklärung, Frankfurt am Main 1986, 12–32.
11 Vgl. Federico Finchelstein, From Fascism to Populism in History, Berkeley 2017.
12 Vgl. Gero Neugebauer, Extremismus – Linksextremismus – Rechtsextremismus: Einige Anmerkungen zu Begriffen, Forschungskonzepten, Forschungsfragen und Forschungsergebnissen, in: Wilfried Schubarth/Richard Stöss (Hg.), Rechtsextremismus in der Bundesrepublik Deutschland. Eine Bilanz (Schriftenreihe der Bundeszentrale für politische Bildung 368), Bonn 2000, 13–37.
13 Vgl. Staatsschutzbericht 1997, hg. v. Bundesministerium für Inneres 1997. Alle österreichischen Staats- und Verfassungsschutzberichte sind online abrufbar: Verfassungsschutzberichte, Archiv 1997–2018, URL: https://www.dsn.gv.at/501/Archiv.aspx (abgerufen 24.2.2023).
14 Gideon Botsch, Rechtsextremismus als politische Praxis. Umrisse akteursorientierter Rechtsextremismusforschung, in: Christoph Kopke/Wolfgang Kühnel (Hg.), Demokratie, Freiheit und Sicherheit, Baden-Baden 2017, 131–146, 138.

das am Leibniz-Zentrum für Zeithistorische Forschung sowie am Moses Mendelssohn Zentrum in Potsdam angesiedelte interdisziplinäre Forschungsprojekt „Die radikale Rechte in Deutschland 1945–2000", und die Aktivitäten des „Zeithistorischen Arbeitskreises Extreme Rechte" (ZAER) deutlich machen. Weiters arbeiten die Soziologen Fabian Virchow und Tilo Giesbers derzeit daran, die Sozialstruktur von KandidatInnen rechtsextremer Parteien in der BRD zwischen 1949 und 2022 zu erfassen. Darüber hinaus ist das Fritz Bauer Institut in Frankfurt am Main zu nennen, das sich im Kontext der Nachgeschichte des Holocaust und des Nationalsozialismus mit dem Rechtsextremismus beschäftigt. In Österreich wird Rechtsextremismusforschung im historischen Kontext vor allem vom DÖW und von der Forschungsgruppe „Ideologien und Politiken der Ungleichheit" (FIPU) betrieben.

II. Von der „NS-Ideologie" zum Autoritarismus: Die Anfänge der wissenschaftlichen Auseinandersetzung mit Rechtsextremismus in Österreich

Die Vermessung autoritärer Einstellungen und dem, was wir heute als Rechtsextremismus bezeichnen würden, fand in den österreichischen Sozialwissenschaften und der Meinungsforschung zunächst im Kontext der frühen Erforschung der Nachwirkungen des Nationalsozialismus statt. Die Sozialwissenschaften erlebten in Österreich in den 1960er Jahren ihr Nachkriegsrevival.[15] 1966 wurden an der Universität Wien und der neu gegründeten Hochschule in Linz erste Lehrstühle für Soziologie eingerichtet. Bereits 1961 war die Sozialwissenschaftliche Studiengesellschaft (SWS) gegründet worden, die mit *Die Meinung* (ab 1969 *Journal für empirische Sozialforschung*) die erste Fachzeitschrift auf diesem Gebiet herausgab. 1963 erfolgte die Gründung des Instituts für Höhere Studien (IHS) und 1965 die Gründung des Instituts für Empirische Sozialforschung (IFES). Diese außeruniversitären Institute begleiteten die sozialdemokratische Reformagenda der Kreisky-Ära wissenschaftlich durch Studien und Fachartikel, die neue Perspektiven auf die brennenden politischen und gesellschaftlichen Fragen eröffneten und in diesem Zusammenhang einen Einblick in die Gefühls- und Lebenslagen der Bevölkerung gewährten.[16] In Österreich waren dies in den 1970er Jahren unter anderem die Debatten um die Strafrechtsreform,

---

15 Christian Fleck, Soziologie in Österreich nach 1945, in: Stephan Moebius/Andrea Ploder (Hg.), Handbuch Geschichte der deutschsprachigen Soziologie: Geschichte der Soziologie im deutschsprachigen Raum (Band 1), Wiesbaden 2018, 315–346, 338.
16 Kerstin Brückweh u. a., Sozialdaten als Quellen der Zeitgeschichte: Zur Einführung, in: Geschichte und Gesellschaft 48 (2022) 1, 5–27, 6.

das Atomkraftwerk Zwentendorf oder die Ölpreiskrise. Damit dienten diese
Studien und Umfragen auch der Selbstvergewisserung der Politik, dass ihre
Maßnahmen in der breiten Bevölkerung akzeptiert wurden und somit der Le-
gitimierung der eigenen Reformagenda. Auch der Umgang mit der NS-Vergangenheit, wie z. B. im Rahmen der Peter-Kreisky-Wiesenthal-Affäre von 1975, die
aber noch nicht zu einer kritischen Auseinandersetzung mit dem Nationalsozialismus führte, wurde in dieser Zeit von der Meinungsforschung empirisch
untersucht.[17]

Erste Umfragen betreffend die Verbreitung des „NS-Ideologiesyndroms" in
der Bevölkerung wurde von der SWS unmittelbar nach der Peter-Kreisky-Wiesenthal-Affäre im März und April 1976 durchgeführt.[18] Die Studien definierten
das NS-Ideologiesyndrom als Glaube an die Notwendigkeit eines größeren
„Lebensraums" für das „eigene Volk" sowie an die Minder- und Höherwertigkeit
bestimmter Nationen, als Wunsch nach einem starken Führer, als Gutheißung
von Anwendung von Gewalt gegen politische GegnerInnen, als Anschlusswunsch
an Deutschland und als romantische Überhöhung des Deutschtums.[19] Antisemitismus und Rassismus wurden in diesen Studien explizit ausgeklammert, da
eine frühere Studie bereits zu dem Schluss gekommen war, dass Antisemitismus
in Österreich lediglich als ein „historischer Rest mit einer Beharrungstendenz"
vorhanden sei und „starke Vorurteile in ihrer extremsten Form" ausschließlich
bei Personen vorhanden seien, die vor 1938 geboren worden waren.[20]

Die Studien zum „NS-Ideologiesyndrom" zeichneten sich neben der Auslas-
sung von Antisemitismus und Rassismus durch weitere methodische Mängel aus:
Erstens konnten die sechs Fragen nur mit „ja" oder „nein" beantwortet werden
und zweitens galten die Befragten nur dann als AnhängerInnen der NS-Ideologie,

---

17 Die Affäre war ein Konflikt zwischen Bundeskanzler Bruno Kreisky und Simon Wiesenthal.
   Der Konfliktauslöser waren Wiesenthals Enthüllungen über Details von Friedrich Peters
   Mitgliedschaft bei der Waffen-SS. Kreisky, dessen Minderheitsregierung die FPÖ von 1970–71
   gestützt hatte, verteidigte den FPÖ-Vorsitzenden Peter und bezichtigte den Holocaust-
   Überlebenden Wiesenthal der Kollaboration mit der Gestapo. Vgl. Oliver Rathkolb, Die
   paradoxe Republik. Österreich 1945–2015, Wien 2015, 401–405.

18 Die SWS veröffentlichte mehrere Berichte über diese Meinungsumfragen: Bericht über eine
   Umfrage betreffend die Auseinandersetzung zwischen dem Obmann der FPÖ Abgeordneten
   Peter und Ing. Wiesenthal und das NS-Ideologie-Syndrom, 1976, 125. Bericht, hg. v. Sozial-
   wissenschaftliche Studiengesellschaft, Wien 1976; Bericht über eine Umfrage betreffend
   Parteireform, das NS-Ideologiesyndrom, den Beliebtheitsgrad von Persönlichkeiten und
   Persönlichkeiten der Parteien, die Regierungsumbildung und die innerparteiliche Demo-
   kratie, 1976, 126. Bericht, hg. v. Sozialwissenschaftliche Studiengesellschaft, Wien 1976.

19 125. Bericht der SWS, 1.

20 Vorurteile in Österreich. Bericht über eine Untersuchung der rassischen und nationalen
   Vorurteile in Österreich durchgeführt vom Arbeitskreis für Stereotypieforschung, 1969, hg. v.
   Institut für empirische Sozialforschung, Wien 1969, Kreisky-Archiv (KA), III. Parteien und
   politische Bewegungen, 7.b.) Meinungsumfragen, Karton 12: Institut für empirische Sozialforschung (IFES), 26.

wenn sie alle Fragen mit „ja" beantworteten. Je mehr Fragen gestellt wurden, desto geringer war die Wahrscheinlichkeit, dass alle gleich beantwortet werden würden. Da lediglich 0,24 Prozent der Befragten sämtliche Fragen bejahten, kamen die AutorInnen zu dem Schluss, dass die NS-Ideologie „in Österreich praktisch ausgestorben" sei.[21] Dabei wurden Einzelergebnisse ignoriert, wie etwa, dass 36 Prozent der Befragten Gewalt gegen politisch Andersdenkende befürworteten oder 21 Prozent den Wunsch nach einem starken Führer hegten. Überdurchschnittlich stark ausgeprägt, so ein weiteres Ergebnis der Studie, sei das NS-Ideologiesyndrom nur noch bei WählerInnen der FPÖ. Damit bestätigten sich auch frühere Studienergebnisse, die deren AnhängerInnen eine „althergebrachte großdeutsche Gesinnung" diagnostiziert hatten.[22] Damit konnte man sich in den anderen politischen Lagern versichert sein, dass diese Einstellungen kaum in der eigenen Anhängerschaft zu finden sind.

Antisemitismus und Rassismus als Anzeichen einer autoritären Einstellung wurden somit in den 1970er Jahren in Österreich als direkte Konsequenz einer Sozialisierung im NS-Staat verstanden, galten durch den Generationenwechsel als im Aussterben begriffen und daher als nicht mehr relevant. Diese Erkenntnisse der Meinungsforschung standen aber im Widerspruch zu Beobachtungen anderer SozialwissenschaftlerInnen und HistorikerInnen: Der Aktionismus von rechtsextremen Gruppen wie der NDP[23] und der ANR[24], aber auch antisemitische Töne in der *Kronenzeitung*, wie z.B. in den Kolumnen Richard Nimmerrichters unter dem Pseudonym „Staberl" und in der Artikelserie „Die Juden in Österreich"[25] des Mitgründers des Verbands der Unabhängigen, Viktor Reimann, ließen nicht gerade auf eine Überwindung der Vergangenheit schließen. Am Institut für Neuere Geschichte und Zeitgeschichte in Linz wurde daraufhin 1977 unter der Leitung von Karl R. Stadler das interdisziplinäre Forschungsprojekt „Vergangenheitsbewältigung" durchgeführt. Die Ergebnisse dieser Studie wurden mangels finanzieller Förderung nie als Ganzes, sondern lediglich in Aus-

---

21 Ebd., 12.

22 3. Bericht der SWS, 16.

23 Die Nationaldemokratische Partei Österreichs war eine von Norbert Burger gegründete Abspaltung von der FPÖ und „bis in die erste Hälfte der achtziger Jahre führende Kraft des österreichischen Neonazismus", die 1988 aufgelöst durch ein VfGH-Urteil aufgelöst wurde, vgl. Brigitte Bailer/Wolfgang Neugebauer, Rechtsextreme Parteien, Zeitschriften, informelle/illegale Gruppen, in: Handbuch des österreichischen Rechtsextremismus, hg.v. Stiftung Dokumentationsarchiv des österreichischen Widerstandes, Wien 1994, 102–238, 163.

24 Die Aktion Neue Rechte wurde 1979 vom DÖW als „kleine aber überaus aktive Organisation im Blickfeld der Öffentlichkeit beschrieben, die besonders im Hochschulbereich aktiv sei, vgl. Herbert Exenberger, Organisationen, in: Rechtsextremismus in Österreich nach 1945, hg.v. Dokumentationsarchiv des österreichischen Widerstandes, Wien 1979, 132–172, 134.

25 Zum Antisemitismus in der *Kronenzeitung* vgl. John Bunzl/Bernd Marin, Antisemitismus in Österreich. sozialhistorische und soziologische Studien, Innsbruck 1983.

zügen veröffentlicht.[26] Methodisch orientierte sich diese Studie an den „Studien zum autoritären Charakter", die eine Gruppe von ForscherInnen um Theodor W. Adorno in den 1940er Jahren an der University of California in Berkeley durchgeführt hatte. Auszüge der „Studien zum autoritären Charakter" erschienen erstmals 1973 auf Deutsch und hatten mit den am Frankfurter Institut für Sozialforschung weiterentwickelten Fragebögen und Skalen großen Einfluss auf die zu diesem Zeitpunkt beginnende Forschung zu Autoritarismus und Rechtsextremismus in der BRD.[27]

Auch die Linzer ForscherInnen adaptierten die „Faschismus-Skala" der Adorno-Studien für Österreich, um zu untersuchen „inwieweit noch Reste traditionell faschistischen Gedankengutes im Bewußtsein der österreichischen Bevölkerung – im Besonderen ihrer staatstragenden Berufsgruppen[28] – vorhanden sind und welche zusätzlichen, neuen antidemokratischen Potentiale bestehen."[29] Die Studie umfasste jedoch nicht nur eine Befragung dieser Gruppen sondern auch Textanalysen der „Staberl"-Kolumnen und österreichischer Schulbücher für das Unterrichtsfach Geschichte. Durch diese Herangehensweise sollte die Verbreitung autoritärer Einstellungen in der Gegenwart in den politischen und historischen Kontext eingeordnet und mit Fragen nach der Bewältigung der NS-Vergangenheit verknüpft werden. Damit wurden auch Kritikpunkte an der Originalstudie miteinbezogen und zusätzlich zu Sozialisation und psychischen Bedürfnissen die Rolle politischer, gesellschaftlicher und wirtschaftlicher Kontexte in der Herausbildung autoritärer Einstellungen berücksichtigt.

Erste Auswertungen der Befragungen legten nahe, dass 25 Prozent der ÖsterreicherInnen einen „latenten" Nostalgiefaschismus hegten und dass ein noch größerer Anteil an der Gesamtbevölkerung einen oder mehrere Züge des autoritären Charakters (u. a. Gehorsam und Hierarchiedenken, Aggressionen gegen Randgruppen, Suche nach Sündenböcken) trage.[30] Dabei seien es besonders FPÖ-WählerInnen, die Ressentiments gegen ethnische Minderheiten (Roma,

---

26 Auszüge aus der Studie wurden zuerst 1978 bei der Tagung „Sozialdemokratie und Anschluss" am Karl-Renner-Institut von Josef Weidenholzer, Josef Gunz, Bernd Tichatschek-Marin, Christa Buchberger und Manfred Hahn präsentiert und erschienen im Tagungsband: Helmut Konrad (Hg.), Sozialdemokratie und „Anschluß". Historische Wurzeln, Anschluß 1918 und 1938, Nachwirkungen, Wien 1978.

27 Vgl. beispielsweise Thomas Aage Herz, Soziale Bedingungen für Rechtsextremismus in der Bundesrepublik Deutschland und in den Vereinigten Staaten. Eine vergleichende Analyse d. Anhänger d. Nationaldemokratischen Partei Deutschlands u. d. Anhänger von Georg C. Wallace, Meisenheim am Glan 1975.

28 Konkret gemeint sind hier PflichtschullehrerInnen, katholische Geistliche, PolizistInnen, ÄrztInnen und PolitikerInnen der mittleren Funktionsebene.

29 Josef Weidenholzer, Rechtsextreme und autoritäre Tendenzen im Bewußtsein der österreichischen Bevölkerung, in: Rechtsextremismus in Österreich nach 1945, hg. v. Dokumentationsarchiv des österreichischen Widerstandes, Wien 1979, 392–404, 395.

30 Ebd., 399.

Sinti und Kärntner SlowenInnen) hegten und sie zu Sündenböcken machten.[31] Die AutorInnen kamen zu dem Schluss, dass es „neue antidemokratische Potentiale" in der Bevölkerung gebe, die im Kontext von Krisenerscheinungen und Instabilität im politischen System von neofaschistischen Bewegungen abgerufen werden könnten.[32]

Trotz der gesellschaftspolitischen Relevanz und der bedenklichen Ergebnisse erregte die Untersuchung nur wenig Aufmerksamkeit. Der Historiker Oliver Rathkolb sieht die Ursache dafür in den hohen Beliebtheitswerten der SPÖ-Regierung unter Bruno Kreisky, die den Faschismus endgültig in die Geschichtsbücher verbannen wollte, um „den Souverän Wähler nicht direkt [zu] irritieren."[33] Die Politik hatte wenig Interesse daran, die überwunden geglaubte Vergangenheit neu zu verhandeln und damit die abgeschlossene Reintegration der „Ehemaligen" in das öffentliche und politische Leben infrage zu stellen. Das Team um Stadler hoffte vergeblich auf eine finanzielle Förderung zur Fortsetzung der Studie. Ein geplanter Sammelband, in dem die Studienergebnisse publiziert werden sollten, erschien nie. Die Ergebnisse wurden lediglich im März 1978 auf einer Tagung des Renner-Instituts mit dem Thema „Sozialdemokratie und ‚Anschluss': Historische Wurzeln und Nachwirkungen" von Josef Weidenholzer, Josef Gunz, Bernd Marin und Christa Buchberger präsentiert. Außerdem wurden sie in dem oben zitierten Beitrag Weidenholzers in der Studie „Rechtsextremismus in Österreich nach 1945" des DÖW zusammengefasst.

Lediglich das linke Kreisky-kritische Monatsmagazin *Extrablatt* widmete der Studie im Juni 1978 einen achtseitigen Artikel. Unter dem reißerischen Titel „Adolf im Hirn" warnte das Magazin vor einem „Wegleugnen der braunen Gefahr", denn das Potenzial für Vorurteile sei „gewaltig", ganz besonders im Polizeiapparat.[34] Einzelne Ergebnisse der Studie wurden im Artikel stark verkürzt wiedergegeben. Das sich damals im Land breitmachende Unbehagen mit den politischen Zuständen und die aufkeimende Kritik an der Politisierung sämtlicher Lebensbereiche durch SPÖ, ÖVP und ihre Vorfeldorganisationen, hohen Gehältern für PolitikerInnen und FunktionärInnen wurde im *Extrablatt*-Artikel mit einer prinzipiellen Ablehnung von Demokratie und Rechtsstaatlichkeit gleichgesetzt. Zugleich stellte der Artikel sämtliche Angehörige der staatstragenden Berufsgruppen unter Generalverdacht, beispielsweise wurde „den Polizisten und Gendarmen" eine „knüppeldick[e]" Ablehnung der Demokratie unterstellt. Unter den LeserInnen des *Extrablatts* stießen der reißerische Tonfall und die Thesen des Artikels auf gemischte Reaktionen. Die Politikwissenschaf-

---

31 Ebd., 401.
32 Ebd., 395–396.
33 Rathkolb, Die paradoxe Republik, 67.
34 Adolf im Hirn. Zur Gesinnungslage der staatstragenden Berufsgruppen, Extrablatt, Juni 1978, 6–13.

terInnen Eva Kreisky und Heinz Steinert bemängelten die „undifferenzierte Gesinnungsdiffamierung" der staatstragenden Berufsgruppen und wiesen darauf hin, dass Stammtischparolen nicht zwangsläufig zu konkretem Handeln führen würden.[35] Ein anonymer Polizist fühlte sich persönlich attackiert und bezichtigte die Redaktion der Störung der von der Polizei „mühsam aufrecht erhaltene[n] Ruhe, Ordnung und Sicherheit."[36]

III. Von der individuellen Einstellung zum „Syndromphänomen": Die Rechtsextremismusforschung am DÖW

Während sich die Linzer ForscherInnen der Untersuchung individueller Einstellungen staatstragender Berufsgruppen widmeten, begann in Wien am Dokumentationsarchiv des österreichischen Widerstandes (DÖW) die Dokumentation und Erforschung rechtsextremer Organisationen und Publikationen. 1963 von ehemaligen WiderstandskämpferInnen und engagierten WissenschaftlerInnen zur Dokumentation und Erforschung des Austrofaschismus und des Nationalsozialismus gegründet, beschäftigte sich das DÖW ab Mitte der 1970er Jahre auch verstärkt mit den Kontinuitäten alter und dem Auftreten neuer rechtsextremer Gruppen. Durch die unzähligen Angriffe auf und Diffamierungen von WiderstandskämpferInnen durch rechtsextreme Organisationen und Publikationen, begann Bibliothekar Herbert Exenberger einschlägige Druckwerke rechtsextremer Personen und Organisationen zu sammeln. Dies mündete 1977 in die erste Publikation über „rechtsradikale Organisationen in Österreich", in der die Aktivitäten von vierzig einschlägigen Vereinen dokumentiert wurden.[37] Seit 1969 war auch der Historiker Wolfgang Neugebauer am DÖW tätig, der später als langjähriger Leiter des Forschungszentrums und ausgewiesener Experte für Rechtsextremismus fungierte. 1976 hielt er einen ersten Vortrag zum Thema bei der Aktion gegen Antisemitismus, der im darauffolgenden Jahr in der Fachzeitschrift *Zeitgeschichte* unter dem Titel „Aktuelle faschistische Strömungen in Österreich" erschien.[38]

Neugebauer verwendete in diesem Beitrag den Begriff Neofaschismus, den er als Bekenntnis zum Deutschtum, Verherrlichung der NS-Vergangenheit, Rassismus und Antisozialismus definierte, und stellte dabei fest, dass eine dezidiert antidemokratische Haltung in rechten Kreisen aus taktischen Gründen nur noch

---

35 Zwei klare Köpfe, Extrablatt, August 1978, 4.
36 Zu feig, Extrablatt, August 1978, 4.
37 Vorwort, in: Rechtsextremismus in Österreich nach 1945, hg. v. Dokumentationsarchiv des österreichischen Widerstandes, Wien 1979, 8–10, 9.
38 Wolfgang Neugebauer, Aktuelle faschistische Strömungen in Österreich, in: Zeitgeschichte 4 (1977) 8, 280–292.

eine geringe Rolle spiele.[39] Er schlug vor, sich nicht nur auf die radikalsten, außerhalb des Gesetzesrahmen stehenden Gruppen in diesem Spektrum zu fokussieren, sondern das Phänomen aus einer gesamtgesellschaftlichen Perspektive heraus zu analysieren, d. h. auch sämtliche Parteien und deren personelle, organisatorische und finanzielle Verflechtungen mit rechtsextremen Aktivitäten in den Blick zu nehmen. Neugebauers überblicksartiger Artikel lieferte dabei gewissermaßen einen Prolog für die Publikation „Rechtsextremismus in Österreich nach 1945", die vom Wissenschaftsministerium finanziert und vom DÖW gemeinsam mit ForscherInnen der Universitäten Wien, Linz, Salzburg, Klagenfurt und Innsbruck gestaltet wurde.[40]

Wie schon bei der Linzer Studie waren auch hier die verstärkten Aktivitäten von NDP und ANR Anlass, sich mit dem Phänomen Rechtsextremismus auseinanderzusetzen. Ein Beitrag von Hermann Dworczak zeigte beispielsweise die Verbindungen von ANR und NPD in die freiheitlichen Akademikerverbände auf.[41] Zwei Beiträge des Historikers Willibald Holzer rahmten die Studie. Holzer formulierte darin „Arbeitshypothesen" für seine Rechtsextremismus-Konzeption, die er später im „Handbuch des Österreichischen Rechtsextremismus" 1993 weiter ausführte.[42] Holzer definierte Rechtsextremismus in Abgrenzung zum Neonazismus und Neofaschismus als ein „Syndromphänomen", in dessen Zentrum die Idee des Volkes als ein lebendiger und homogener Organismus stehe. Daraus leitet sich für ihn das Weltbild rechtsextremer Gruppen und AkteurInnen ab: Pauschalkritik der Moderne und Ablehnung der Globalisierung; Ethnozentrismus und Fremdenhass; Antiliberalismus, Antipluralismus, Antisozialismus und Autoritarismus als politisches Programm; Verschwörungstheorien über Feindbilder und Sündenböcke als Welterklärungsmodelle; Geschichtsrevisionismus; Demagogie, Gewaltakzeptanz und -latenz als politischer Stil.[43] Bis heute stellt diese umfassende Definition Holzers die Grundlage für die Dokumentation von und Auseinandersetzung mit Rechtsextremismus am DÖW dar.

---

39 Ebd., 282.
40 Vgl. Vorwort, 9.
41 Hermann Dworczak, Neuformierung und Entwicklung des Rechtsextremismus nach 1945, in: Rechtsextremismus in Österreich nach 1945, hg. v. Dokumentationsarchiv des österreichischen Widerstandes, Wien 1979, 118–127, 126.
42 Willibald Holzer, Rechtsextremismus – Konturen und Definitionskomponenten eines politischen Begriffs, in: Rechtsextremismus in Österreich nach 1945, hg. v. Dokumentationsarchiv des österreichischen Widerstandes, Wien 1979, 11–97. Zur Editionsgeschichte von Willibald Holzers Rechtsextremismusbegriff, vgl. Bernhard Weidinger, Zwischen Kritik und konservativer Agenda. Eine Verteidigung des Rechtsextremismusbegriffs gegen seine Proponent*innen, in: Rechtsextremismus Entwicklungen und Analysen, hg. v. Forschungsgruppe Ideologien und Politiken der Ungleichheit, Wien 2014, 69–88.
43 Willibald Holzer, Rechtsextremismus – Konturen, Definitionsmerkmale und Erklärungsansätze, in: Handbuch des österreichischen Rechtsextremismus, hg. v. Stiftung Dokumentationsarchiv des österreichischen Widerstandes, Wien 1994, 12–96.

In seinem Beitrag über die FPÖ in dieser Publikation verortete Wolfgang Neugebauer die FPÖ Ende der 1970er Jahre noch vorsichtig optimistisch zwischen den Polen „rechtsextrem und liberal", kritisierte aber, dass die „politische Rücksichtnahme vielfach eine kritische Beurteilung dieser Partei" hemme.[44] Diese Kritik war vor allem an die SPÖ gerichtet, die in der Zeit der Kreisky-Regierungen auf der Suche nach alternativen Regierungskonstellationen für den Fall eines Verlusts der absoluten Mehrheit war und daher ein aktives Interesse daran hatte, dass die FPÖ aus ihrer politischen Isolation als Partei der „Ehemaligen" und des Deutschnationalismus ausbrach, um koalitionsfähig zu werden. Diese taktischen Überlegungen fielen mit einem Generationenwechsel, der Gründung der Denkfabrik „Atterseekreis"[45] 1971 und intensiven Debatten innerhalb der FPÖ zusammen, die die Partei als liberale politische Kraft nach dem Vorbild der deutschen FDP etablieren wollten.[46] Trotz dieser intensiven Debatten in der Führungsebene gebe es aber weiterhin Geschichtsrevisionismus und Deutschnationalismus auf der Funktionärsebene, weshalb die FPÖ und das Dritte Lager in einer Auseinandersetzung um Rechtsextremismus in Österreich nicht fehlen dürften, so Neugebauers Befund Ende der 1970er Jahre.[47]

Nach mehreren Neuauflagen von „Rechtsextremismus in Österreich nach 1945" begann am DÖW 1991 die Arbeit an einem erweiterten „Handbuch des österreichischen Rechtsextremismus". Ausgelöst wurde dieses Projekt aufgrund der großen Nachfrage zu Publikationen zu diesem Thema durch die „fundamentale[n] Veränderungen im österreichischen Rechtsextremismus", die sich seit 1986 ergeben hätten, so die HerausgeberInnen im Vorwort.[48] Zudem hatte sich seit dem Ende der 1970er Jahre auch die Rechtsprechung und die Kooperationsbereitschaft der Behörden in Bezug auf den Rechtsextremismus gewan-

---

44 Wolfgang Neugebauer, Die FPÖ – zwischen rechtsextrem und liberal, in: Rechtsextremismus in Österreich nach 1945, hg. v. Dokumentationsarchiv des österreichischen Widerstandes, Wien 1979, 371–383, 371.

45 Der 2012 auf Initiative Manfred Haimbuchners, dem oberösterreichischen Landesparteiobmanns der FPÖ, neugegründete Atterseekreis weist keinerlei personelle Kontinuitäten zu seinem historischen Vorbild auf. Zum neuen Atterseekreis vgl. Fabian Schmid, Die rechten Denker vom Attersee, derStandard.at, URL: https://www.derstandard.at/story/20000882348 73/die-rechten-denker-vom-attersee (abgerufen 27.1.2023).

46 Mit den Versuchen, die FPÖ zu liberalisieren, haben sich u. a. der FPÖ-Politiker Friedhelm Frischenschlager während seiner Zeit an der Universität Salzburg und der Politikwissenschaftler Alfred Stirnemann beschäftigt, vgl. Friedhelm Frischenschlager, Funktions- und Inhaltswandlungen von Parteiprogrammen am Beispiel der FPÖ-Programme, in: Österreichische Zeitschrift für Politikwissenschaft 7 (1978) 2, 209–220; Alfred Stirnemann, Das Parteiprogramm der FPÖ. Eine kritische Analyse, in: Österreichisches Jahrbuch für Politik 1985, hg. v. Politischen Akademie der Österreichischen Volkspartei, München/Wien 1986.

47 Neugebauer, Die FPÖ – zwischen rechtsextrem und liberal, 379.

48 Brigitte Bailer-Galanda/Wolfgang Neugebauer, Einleitung, in: Handbuch des österreichischen Rechtsextremismus, hg. v. Stiftung Dokumentationsarchiv des österreichischen Widerstandes, Wien 1993, 7–10, 8.

delt. Nachdem Anzeigen wegen Verstößen gegen das Verbotsgesetz lange Zeit von den zuständigen Stellen nicht verfolgt worden waren und versandet waren, änderte sich dies mit einer Entscheidung des Verfassungsgerichtshofs (VfGH) im Jahr 1985. Im sogenannten „ANR-Erkenntnis" hielt der VfGH fest, dass das Verbotsgesetz nicht nur von Strafverfolgungsbehörden bei Anzeige zu vollziehen sei, sondern von sämtlichen staatlichen Behörden in ihrer Tätigkeit berücksichtigt werden müsse.[49] Im konkreten Fall ging es um den Ausschluss der ANR von den ÖH-Wahlen 1979 durch die Wahlkommission, den die ANR juristisch beeinsprucht hatte.

In den Gerichtsälen fanden aber nicht nur Prozesse gegen rechtsextreme AkteurInnen oder Gruppen statt, sondern auch von der FPÖ angestrengte Verleumdungsverfahren gegen WissenschaftlerInnen wie Wolfgang Neugebauer oder JournalistInnen (z. B. Alfred Worm, Hans-Henning Scharsach), die sich mit der FPÖ und Rechtsextremismus befassten.

Besonders die juristischen Schritte der FPÖ gegen das Titelbild des 1993 erschienenen „Handbuchs des österreichischen Rechtsextremismus" – Jörg Haider vor dem Hintergrund einer Reichskriegsflagge und dem königlich-preußischen Adler – waren für das DÖW und seine MitarbeiterInnen regelrecht existenzbedrohend. Das DÖW argumentierte damit, mit diesem Titelbild das gesamte Spektrum des österreichischen Rechtsextremismus symbolisch darstellen zu wollen.[50] Haider und die FPÖ sahen sich aber in die Nähe verbotener Gruppen gerückt und erreichten gegen das Titelbild des Handbuchs eine einstweilige Verfügung. Zunächst musste das Titelbild händisch überklebt werden und spätere Auflagen zierte ein schwarzes Cover mit einem Hinweis auf die einstweilige Verfügung.[51] Gegen den Inhalt des Handbuchs wurden vor Gericht aber keine Einwände erhoben,[52] auch nicht gegen den mehr als 100-seitigen Beitrag von Brigitte Bailer-Galanda und Wolfgang Neugebauer „Die FPÖ: Vom Liberalismus zum Rechtsextremismus". Anders als noch Ende der 1970er Jahre verorteten die AutorInnen die FPÖ nun nicht mehr zwischen „rechtsextrem und liberal", sondern stellten eine Rückentwicklung der Partei in Richtung Rechtsextremismus fest. Damit revidierten sie den vorsichtig-optimistischen Befund aus der früheren Studie und argumentierten nun, dass es die von „liberalen Ideen bewegten Jungen" in der Partei zwar verstanden hätten, wichtige Führungsfunktionen zu übernehmen und politische Mandate zu bekleiden, sich daraus aber kein nachhaltiger Wandel in den Tiefenstrukturen der Partei und der Wähler-

---

49 Vgl. Entscheidungstext, Erkenntnis des Verfassungsgerichtshofes, Geschäftszahl: G175/84, Dokumentennummer: JFT_10148871_84G00175_00, 29.11.1985.
50 Extremismus-Buch: FP erwirkt Verfügung, Tiroler Tageszeitung, 11.11.1993, 2.
51 Jörg Haider wurde überklebt, Wiener Zeitung, 12.11.1993, 1.
52 Vgl. DÖW-Jahrbuch, Tätigkeitsbericht 1993, 148.

schaft ergeben habe.[53] Jene liberalen FunktionärInnen – wie etwa Friedhelm Frischenschlager oder Heide Schmidt – hatten sich zum Zeitpunkt des Erscheinens des Handbuchs im Februar 1993 bereits als Liberales Forum (LIF) von der FPÖ abgespalten. Auslöser für den endgültigen Bruch der Liberalen mit der FPÖ waren eine Reihe von Provokationen Haiders, seine andauernden antisemitischen Anspielungen und NS-Relativierungen[54], aber auch der Anti-EU-Kurs und vor allem das rassistische „Österreich zuerst"-Volksbegehren 1992/93.

Der Rechtsextremismus-Konzeption Holzers folgend, zeigten Neugebauer und Bailer-Galanda in einer differenzierten Analyse der Rhetorik des FPÖ-Chefs und weiterer führender FunktionärInnen die Entwicklung der FPÖ „vom Liberalismus zum Rechtsextremismus" seit dem Innsbrucker Parteitag 1986 detailliert auf. In dieser umfangreichen Dokumentation führten die AutorInnen aus, dass rechtsextreme Ideologeme wie der Wunsch nach einem starken Staat und Führer, Deutschnationalismus, Geschichtsrevisionismus, Ressentiments, Sündenbock- und Feindbildkonstrukte, Angriffe auf Wissenschaft und Medien auf der Tagesordnung stünden.[55] Trotz der Verwendung des Analysebegriffs Rechtsextremismus zur Charakterisierung der Haider-FPÖ, erkannten Bailer-Galanda und Neugebauer in ihrer Analyse aber auch, dass sich die Partei und vor allem ihr Obmann seit 1986 einen neuen Stil als „sozialdemagogische Protestpartei" angeeignet hatten.[56] Mit diesem neuen Stil gelang es der FPÖ, enttäuschte WählerInnen von SPÖ und ÖVP anzusprechen. Im Fokus ihres Beitrags stand jedoch die Rhetorik Haiders und standen nicht die tiefgreifenden Veränderungen in der politischen Orientierung der österreichischen Wahlbevölkerung.

IV. „Wahltag ist Zahltag": Die Anfänge des Populismus-Begriffs in der österreichischen Politikwissenschaft

Ab den 1970er Jahre brachen in der österreichischen Wahlbevölkerung die traditionellen Lagerbindungen auf, ausgelöst durch den grundsätzlichen Wandel von materialistischen hin zu postmaterialistischen Wertvorstellungen in westli-

---

53 Brigitte Bailer-Galanda/Wolfgang Neugebauer, Die FPÖ: Vom Liberalismus zum Rechtsextremismus, in: Handbuch des österreichischen Rechtsextremismus, hg.v. Stiftung Dokumentationsarchiv des österreichischen Widerstandes, Wien 1993, 327–429, 335.

54 Das DÖW beschäftigte sich in mehreren Publikationen mit Holocaustleugnung und Geschichtsrevisionismus, auch aus transnationaler Perspektive, vgl. Brigitte Bailer/Wolfgang Benz/Wolfgang Neugebauer (Hg.), Wahrheit und „Auschwitzlüge". Zur Bekämpfung „revisionistischer" Propaganda, Wien 1995.

55 Bailer-Galanda/Neugebauer, Die FPÖ, 374.

56 Ebd., 358.

chen Industrienationen.[57] So entstanden einerseits neue Interessensgruppen (z. B. Friedens-, Umwelt- und Frauenbewegungen), die sich außerhalb traditioneller Parteilinien organisieren. Andererseits traten unter ArbeiterInnen neue Ängste und Ressentiment auf und diese entfremdeten sich zunehmend von der Sozialdemokratie. Es zeichnete sich das Phänomen des „kritischen Arbeiters" ab, so der Titel einer Studie des IFES aus dem Jahr 1975.[58] Diese „kritischen Arbeiter" fühlten sich gegenüber der „Kaste der Funktionäre und Politiker" subjektiv benachteiligt, und sie warfen diesen vor, korrupt zu sein, sich lediglich für ihre eigenen Interessen einzusetzen und damit dem Stillstand im Land Vorschub zu leisten.[59]

Damit waren diese WählerInnen besonders empfänglich für eine Politik, die sich weniger ideologischen Positionen und sozioökonomischen Hintergründen verpflichtet sah, sondern die vielmehr Ressentiments und Gefühlslagen relativ spontan bediente. Dieser Politikstil wurde ab den frühen 1980er Jahren in der deutschsprachigen Politikwissenschaft als „Populismus" bezeichnet.[60] Dabei standen jedoch zunächst nicht rechte Parteien im Fokus der Analysen, sondern Neue Soziale Bewegungen und die Frage, inwiefern sich deren Forderungen durch erfolgreiche Wahlparteien kanalisieren lassen würden. Dabei wurde auch diskutiert, inwiefern diese Protestbewegungen eine Gefahr oder eine Bereicherung für die parlamentarische Demokratie darstellten, denn ihre Forderungen waren meist kompromisslos und stellten die Entscheidungen gewählter PolitikerInnen infrage. Unter diesen Gesichtspunkten diskutierte der österreichische Sozialwissenschaftler Bernd Marin das „außerinstitutionelle Konfliktpotenzial" des „Neuen Populismus" 1980 in der *Österreichischen Zeitschrift für Politikwissenschaft*.[61] In seinem Artikel beschrieb Bernd Marin Populismus als eine Gegenbewegung zur kooperativen Politik der österreichischen Sozialpartnerschaft.[62] Dabei bezog sich Marin jedoch nicht auf die von ihm in früheren Publikationen als rechte Pro-

---

57 Vgl. Ronald Inglehart, The Silent Revolution. Changing Values and Political Styles Among Western Publics, Princeton, New Jersey 1977.

58 Der kritische Arbeiter. Eine qualitative Studie bei Industriearbeiter [sic!] mit kritischer Einstellung zur SPÖ, Juli 1975, hg.v. Institut für empirische Sozialforschung, Wien 1975, Kreisky-Archiv (KA), III. Parteien und politische Bewegungen, 7.b.) Meinungsumfragen, Karton 12: Institut für empirische Sozialforschung (IFES).

59 Der kritische Arbeiter, 5.

60 Vgl. Helmut Dubiel (Hg.), Populismus und Aufklärung, Frankfurt 1986. Dieser Band versammelt ebenso wie „Populismus in Österreich" ein thematisch breites Spektrum an Beiträgen: Vom „Feminismus in der CDU" bis zur bundesdeutschen Vergangenheitsbewältigung. Außerdem enthielt der Band die deutschsprachige Übersetzung von Stuart Halls Essay über den Thatcherismus, „Popular-demokratischer oder autoritärer Populismus".

61 Bernd Marin, Neuer Populismus und „Wirtschaftspartnerschaft". „Neo-korporatistische" Konfliktregelung und außerinstitutionelle Konfliktpotenziale in Österreich", in: Österreichische Zeitschrift für Politikwissenschaft 9 (1980), 2 157–176.

62 Ebd.

testpartei mit antisemitischen Ressentiments beschriebene FPÖ.[63] Er definierte Populismus als eine Reaktion auf die „Versachlichung des Klassenkampfs" durch Regierung und Sozialpartnerschaft in Österreich, der den Handlungsspielraum parlamentarischer Prozesse in den vergangenen Jahrzehnten eingeschränkt habe.[64] Die „symbolisch-expressive Politik sozialer Bewegungen" sei vor allem als Protest gegen die „beträchtliche Inauthentizität politischer Prozesse" zu verstehen.[65] Im Zuge des Wertewandels hätten sich neue politische Fronten gebildet, die nicht mehr entlang sozialer Linien verliefen, sondern Konflikte um post-materialistische und identitätspolitische (Über-)Lebensfragen, wie z.B. Umweltschutz oder Gleichberechtigung, seien.[66] In diesem Zusammenhang stellte Marin die Frage, inwiefern kompromisslose Politik eine Gefahr für demokratische Prozesse darstelle – eine Frage, die bis heute ein zentraler Punkt in den theoretischen Debatten über Populismus ist.[67]

Die theoretische Diskussion über den Begriff „Populismus" nahm in Österreich nach dem politischen Wendejahr 1986 an Fahrt auf. 1987, ein Jahr nach Kurt Waldheims Wahl zum Bundespräsidenten, Jörg Haiders Aufstieg zum FPÖ-Chef und dem erstmaligen Einzug der Grünen in den Nationalrat, erschien der von Anton Pelinka herausgegebene Sammelband „Populismus in Österreich", mit dem „in die polemische, vordergründige Diskussion über Populismus in Österreich bestimmte theoretische Standards" eingeführt werden sollten.[68] Pelinka und seine KollegInnen bearbeiteten in ihren Beiträgen ein breites Themenspektrum, wie z.B. die Frauenbewegung oder die Proteste gegen Zwentendorf und Hainburg. Aufgrund der thematischen Breite war der Begriff Populismus daher nicht ausschließlich negativ besetzt, auch nicht im Kapitel „Parteien und Populismus in Österreich", in dem Michael Morass und Helmut Reischenböck die Grünen und die FPÖ gemeinsam analysierten. Die beiden Autoren beschrieben Populismus als einen Politikentwurf, der sich in erster Linie durch den Protest gegen die Große Koalition und die damit einhergehende „übermäßige Penetration sämtlicher Lebensbereiche durch die Parteien" und die subjektiv erlebte Machtlosigkeit der WählerInnen im Parteiensystem ausdrücke, indem er den von der Politik ignorierten „Willen des Volkes" aufgreife.[69] Dabei versuchten

---

63 Bernd Marin, Ein historisch neuartiger „Antisemitismus ohne Antisemiten"? Beobachtungen und Thesen am Beispiel Österreichs nach 1945, in: Geschichte und Gesellschaft 5 (1979) 4, 545–569.

64 Bernd Marin, Neuer Populismus, 157.

65 Ebd., 157.

66 Ebd., 157.

67 Vgl. Müller, Was ist Populismus.

68 Anton Pelinka, Vorbemerkung, in: Anton Pelinka (Hg.), Populismus in Österreich, Wien 1987, 7–8, 8.

69 Michael Morass/Helmut Reischenbock, Parteien und Populismus in Österreich, in: Anton Pelinka (Hg.), Populismus in Österreich, Wien 1987, 36–59, 37.

die Autoren Populismus nicht als eine Gefahr, sondern als eine Chance für die Demokratie zu begreifen und schlugen vor, zwischen dem Populismus „von oben" der Haider-FPÖ und „von unten" der basisdemokratischen Grünen zu unterscheiden. Der Fokus lag hier auf dem neuartigen Stil und weniger auf den Inhalten der Politik, wie sie in der Arbeit des DÖW betont wurden. Der bereits damals evidente Geschichtsrevisionismus und Antisemitismus in der Rhetorik Haiders sowie die völkisch-nationale Tradition der FPÖ wurden hier kaum thematisiert. Stattdessen beschrieben die Autoren die FPÖ als eine inszenierte „permanente Bürgerinitiative" gegen die Macht der „korrupten Eliten" unter der permanenten Anrufung des „kleinen Mannes".[70]

Fritz Plasser konzentrierte sich in seinem Beitrag „Die populistische Arena" auf das Leitmedium Fernsehen als Bühne für die Inszenierung von Haiders Politik und damit ebenfalls auf stilistische Mittel und weniger auf Inhalte.[71] Vor dem Hintergrund der damals aktuellen medienwissenschaftlichen Literatur, die den Siegeszug des Fernsehens für den Verfall von Moral und Sitten und die Pervertierung politischer Prozesse verantwortlich machte, analysierte Plasser die Kampfabstimmung zwischen Jörg Haider und Norbert Steger auf dem Innsbrucker Parteitag 1986 als „Medienereignis".[72] Die von Plasser ebenfalls als populistisch bezeichneten Massenmedien dienten dabei als „Resonanzboden" und „Verstärker", um die populistische Politik an ein „disperses, heterogenes, latent unzufriedenes Publikum heran[zu]tragen".[73] Wie diese Beispiele zeigen, begann die wissenschaftliche Auseinandersetzung mit der FPÖ als österreichische Ausprägung des Populismus kritisch-differenziert im Kontext anderer historischer und gegenwärtiger politischer Bewegungen und wies potenziell problematische Tendenzen und Leerstellen auf.

Einen ersten Versuch, den neuartigen populistischen Stil Jörg Haiders und die gleichzeitig wieder zu Tage tretenden Ideologeme des Rechtsextremismus miteinander zu verknüpfen, unternahm der Osnabrücker Sprachwissenschaftler Franz Januschek im Auftrag des ÖVP-nahen Vereins „Demokraten gegen Neonazismus" im Nationalratswahlkampf 1990. In seiner Studie „Rechtspopulismus und NS-Anspielungen am Beispiel des österreichischen Politikers Jörg Haider"[74] stützte er sich auf eine Dokumentation des ÖVP-Parlamentsklubs mit dem Titel „Dr. Jörg Haiders politisches Schimpf-Wörter-Buch", in der TV-Protokolle, In-

---

70 Ebd., 43.
71 Fritz Plasser, Die populistische Arena: Massenmedien als Verstärker, in: Anton Pelinka (Hg.), Populismus in Österreich, Wien 1987, 84–108.
72 Ebd., 86.
73 Ebd., 103.
74 Franz Januschek, Rechtspopulismus und NS-Anspielungen am Beispiel des österreichischen Politikers Jörg Haider, 1990 (unveröffentlichtes Manuskript). Archiv der österreichischen Gesellschaft für Zeitgeschichte, Sammlung Gustav Spann, Ordner HJ1.

terviews und Presseaussendungen der FPÖ zwischen September 1986 und Juli
1990 gesammelt waren.[75] Theoretisch unterlegt war Januscheks Studie jedoch
nicht mit den in dieser Zeit debattierten Populismus-Konzepten der Politikwissenschaft, sondern mit der Studie „Wir sind alle unschuldige Täter" der
Forschergruppe um die Linguistin Ruth Wodak.[76] Wodak und ihr Team hatten
sich in ihren „diskurshistorischen Studien zum Nachkriegsantisemitismus" zunächst mit den antisemitischen Eskalationen der Waldheim-Affäre, ihrer Vorgeschichte und ihren Nachwirkungen befasst. Erst um die Jahrtausendwende
begann Wodak sich mit dem „Haider-Phänomen" auseinanderzusetzen, wie z.B.
in der gemeinsam mit Pelinka herausgegebenen Studie über den codierten Antisemitismus als Mittel politischer Auseinandersetzung bei Jörg Haider.[77]

Vor diesem Hintergrund analysierte Januschek Haiders Erfolg in Österreich
als das „Resultat einer populistischen Strategie", die an Wünsche und Ängste
jenseits der traditionellen politischen Lager appelliere und die daher „offensichtlich Parallelen in der NS-Propaganda" habe.[78] Damit sind Anspielungen auf
Themen des Rechtsextremismus, wie z.B. die Glorifizierung der Kriegsgenera-
tion, gemeint.[79] Als Anschauungsbeispiel analysierte Januschek eine Rede Haiders, in der dieser die „Verunglimpfung" und „Beschimpfung" der Kriegsgene-
ration durch „gewisse Kreise" kritisierte.[80] Er kam zu dem Schluss, dass diese
Aussage zwar in sich selbst nicht faschistisch oder undemokratisch sei, aber
inhaltlich auf der extremen Rechten anzusiedeln sei.[81]

Januscheks Studie bekam durch eine Pressekonferenz des ÖVP-nahen Vereins
im Wahlkampf breite mediale Aufmerksamkeit und wurde in beinahe allen
großen Tageszeitungen in den Kommentarspalten diskutiert. Die Kommenta-
torInnen stellten dabei fest, dass Haiders Sprache extrem sei, er aber zugleich

---

75 Dr. Jörg Haiders politisches Schimpf-Wörterbuch. Dokumentation des ÖVP-Parlamentsklubs von 15. September 1986 (Innsbrucker Parteitag) bis 7. Juli 1990. Archiv der österreichischen Gesellschaft für Zeitgeschichte, Sammlung Gustav Spann, Ordner HJ1.
76 Ruth Wodak u. a., „Wir sind alle unschuldige Täter." Diskurshistorische Studien zum
Nachkriegsantisemitismus, Frankfurt am Main 1990.
77 In seiner Aschermittwoch-Rede im Jahr 2001 sagte Haider in Anspielung auf Ariel Muzicant,
den damaligen Präsidenten der Israelitischen Kultusgemeinde, dass er nicht verstehen könne,
„wie jemand der Ariel heiße, so viel Dreck am Stecken" haben könne. Wodak analysierte
gemeinsam mit Martin Reisigl, dass diese Aussage auf mehrere antisemitischen Stereotypen
anspiele, und zwar auf JüdInnen als intrigante und kriminelle Vaterlandsverräter und Teil der
Weltverschwörung, sowie auf den Stereotyp von schmutzigen und unreinen JüdInnen. Vgl.
Ruth Wodak/Martin Reisigl, „…wenn einer Ariel heißt…" Ein linguistisches Gutachten zur
politischen Funktionalisierung antisemitischer Ressentiments in Österreich, in: Ruth Wodak/
Anton Pelinka (Hg.), „Dreck am Stecken". Politik der Ausgrenzung, Wien 2002, 134–172.
78 Januschek, Rechtspopulismus und NS-Anspielungen, 5.
79 Ebd., 25.
80 Ebd., 7.
81 Ebd., 25.

Missstände im System anspreche, die für großen Unmut unter den BürgerInnen sorgen würden. Beispielsweise stellte Peter Pelinka in der *Presse* fest: „Haider ist kein Antidemokrat, der im Machtrausch andere Parteien verbieten oder gar Massen ins KZ werfen würde. Sondern ein moderner Rechtspopulist, der in 75 Prozent der Fälle zurecht Mißstände aufgreift."[82] Stefan Kappacher kommentierte in der *Tiroler Tageszeitung* „das Mundwerk des Kanzlerkandidaten" Haider, der zwar kein Neonazi, jedoch ein Populist sei, der zur Belebung, mehr aber noch zum Verfall der politischen Kultur im Land beitrage.[83] Und Hans Rauscher bezeichnete Haider als einen im persönlichen Gespräch durchaus angenehmen und intelligenten Zeitgenossen, der im Bierzelt zu einem „Gewalttäter der Sprache" werde, dessen radikale Forderungen reformwilligen BürgerInnen zu weit gehen müssten.[84] Anders als mit dem Stigma des „Rechtsextremismus" konnten Haider und die FPÖ mit der Bezeichnung „(Rechts-)Populismus" gut leben und eigneten sich diese Zuschreibung in den 1990er Jahren als Marke an. So empfand Haider das „Schimpfwort" Populismus immer als „Auszeichnung" für seine Art der Politik, „deren Erfolg darin besteht, [eine] Stimme für den Bürger zu erheben und ihre Stimmung zu treffen."[85] Auch Haiders Nachfolger Heinz-Christian Strache sah „Rechtspopulismus als etwas positives", als eine Art der Politik, die ansprechen und umsetzen würde, „was die Mehrheit des Volkes auch wünscht und das sollte eigentlich auch insgesamt der Auftrag der Politik sein."[86]

V.   Fazit

Dieser Beitrag hat mehrere, miteinander verflochtene Entwicklungslinien in den wissenschaftlichen Debatten über die FPÖ und das „Dritte Lager", Rechtsextremismus und (Rechts-)Populismus in Österreich skizziert. Der Umgang mit diesen Begriffen und die Zuschreibungen für das Milieu am rechten Rand waren dabei einem permanenten Wandel unterworfen. Autoritarismus wurde in Österreich von Teilen der Wissenschaft und der Politik als vernachlässigbares Überbleibsel der NS-Zeit abgetan. Rechtsextremismus als „Syndromphänomen" diente insbesondere seit Mitte der 1970er Jahre am DÖW zur Beschreibung einschlägiger Organisationen, Gruppen und AkteurInnen, inklusive der FPÖ. Der heute allgegenwärtige Begriff (Rechts-)Populismus zur Beschreibung eines neuartigen politischen Stils kam in den 1980ern auf. Zunächst wurden damit

---

82 Haider und Hitler, Die Presse, 13. 9. 1990, 4.

83 Das Mundwerk des Kanzlerkandidaten, Tiroler Tageszeitung, 13. 9. 1990, 3.

84 Ein intelligenter Gewalttäter der Sprache, Kurier, 13. 9. 1990, 2.

85 Alfred Worm, Ein Streitgespräch mit Jörg Haider, Wien 2005, 9.

86 Andreas Mölzer, Neue Männer braucht das Land. Heinz-Christian Strache im Gespräch mit Andreas Mölzer, Wien 2006, 92.

unterschiedliche Gruppen bezeichnet und nicht ausschließlich die FPÖ. In der Historisierung dieser Begriffsdebatten ist außerdem zu berücksichtigen, dass bis zum Aufstieg Haiders 1986 Politikwissenschaft und Medien fast ausschließlich die (vermeintliche) Liberalisierung der Partei und weniger die historische Tradition des Deutschnationalismus verhandelten. Eine historische Analyse der FPÖ sollte stets berücksichtigen, dass es sich bei der Partei und ihrem Umfeld nie um einen monolithischen rechtsextremen, rechtspopulistischen oder gar liberalen Block handelte, sondern diese immer von internen Konflikten und widersprüchlichen Entwicklungen geprägt waren. Ebenso waren die Zuschreibungen Autoritarismus, Rechtsextremismus und (Rechts-)Populismus als analytische Kategorien einem historischen Wandel unterworfen. Diese Begriffe standen immer in einem Verwandtschaftsverhältnis zueinander und werden bis heute teils synonym verwendet. Neben den fließenden Übergängen in der Terminologie gilt es zudem auch zu beachten, dass die Begriffe und Zuschreibungen stigmatisierend oder im Gegenteil verharmlosend eingesetzt wurden und werden: Nicht jede Frustration mit den politischen Verhältnissen ist gleichzusetzen mit einer generellen Ablehnung der Demokratie, einem autoritären Charakter oder einem rechtsextremen Weltbild. Umgekehrt sind aber antisemitische, xenophobe oder revisionistische Äußerungen keinesfalls als populistisch zu verharmlosen, selbst wenn sie unter der Prämisse getätigt werden, dass sie lediglich den unmittelbaren Willen des Volkes ausdrückten. Für den (Rechts-)Populismusbegriff gilt es außerdem zu beachten, dass dieser – anders als Rechtsextremismus – auch als (positiv umgedeutete) Selbstbezeichnung der FPÖ dient. Dadurch sollte erstens die Bezeichnung „rechtsextrem" semantisch umschifft werden, die im deutsch-österreichischen Kontext immer vergangenheits- und sicherheitspolitische Implikationen hat. Zweitens soll durch den juristisch-unverdächtigen Populismus-Begriff das Schüren von Ressentiments als Ausdruck des Volkswillens legitimiert werden.

Wie können HistorikerInnen aber nun mit den in den Sozialwissenschaften seit Jahrzehnten umstrittenen Begriffen Rechtsextremismus und (Rechts-)Populismus in ihrer Arbeit umgehen? Der vorliegende Artikel soll nicht zuletzt ein Plädoyer dafür sein, diese Phänomene im Kontext einer „Problemgeschichte der Gegenwart" zu verorten, da das Auftreten des Rechtsextremismus und später des (Rechts-)Populismus eng verbunden sind mit dem Strukturbruch und dem Wandel seit den 1970er Jahren, der unsere Gegenwart bis heute kennzeichnet.[87] In diesem Kontext kann die Integration historischer Sozialstudien für die Zeitgeschichte neue Perspektiven auf vergangene gesellschaftliche und politische Entwicklungen eröffnen.[88] Umgekehrt können die Sozialwissenschaften von

---

87 Doering-Manteuffel/Raphael, Nach dem Boom, 112.
88 Brückweh u. a., Sozialdaten als Quellen der Zeitgeschichte, 26.

einer historischen Reflexion und Kritik ihrer oft als allgemeingültig verstande-
nen Erklärungsmodelle profitieren.[89]

In Bezug auf die in diesem Artikel diskutierten Begrifflichkeiten lässt sich
dabei feststellen, dass der Begriff „Rechtsextremismus" die ideologischen, personellen und strukturellen Kontinuitäten am rechten Rand des politischen
Spektrums seit 1945 betont. Im Gegensatz dazu hebt „Rechtspopulismus" jenen
Wandel im politischen Stil von Parteien am rechten Rand des politischen
Spektrums hervor, der dem Strukturbruch und Wertewandel in westeuropäischen Gesellschaften seit den 1970er Jahren geschuldet ist. Ohne das Prädikat
„Rechts-" ist der Populismusbegriff zur Beschreibung der FPÖ und ihres Um-
felds – und auch anderer als „populistisch" bezeichneter Rechtsparteien im
transnationalen Vergleich – im historischen wie aktuellen Kontext sicherlich
unzureichend. Denn dadurch wird die rechte Ideologie dieser Parteien ausge-
blendet und so der wesentliche Kern ihrer politischen Ziele verharmlost.

---

89 Ebd., 13.

Abstracts

Transformations of Right-Wing Extremism in Austria

Margit Reiter
From an Old Nazi to a European? Theodor Soucek and his role in Austrian and European right-wing extremism

The article deals with the phenomenon of right-wing extremism using the Austrian National Socialist Theodor Soucek as a case study. In 1948, Soucek was sentenced to death for uncovering a "Nazi conspiracy". After he was pardoned, Soucek became politically active again in the mid-1950s. His attempt to cooperate with the FPÖ failed. In 1957 he founded the Social Organic Movement of Europe (SORBE), which advocated an extreme right-wing concept of Europe. The transnational networking of the extreme right in Europe is exemplified by the European Congress organized by Soucek in Salzburg in 1957. After the dissolution of SORBE, he lived in Franco's Spain and was active in European right-wing extremism until the end of his life.

In this article, Soucek's political activities after 1945 are presented together for the first time on the basis of literature, contemporary media and comprehensive archival sources. All in all, Soucek is an example of an "old Nazi" who kept believing in Nazi ideology after 1945, even if he partly tried to adapt it to the new political situation. Thus, he can be classified as a typical representative of traditional right-wing extremism in Postwar Austria.

Keywords: right-wing extremism, Austrian Freedom Party (FPÖ), Theodor Soucek, Social Organic Movement of Europe (SORBE), Austria, European far right

Darius Muschiol
"The conscious covering of this space with foreign culture and foreign people".
The significance of the South Tyrol conflict for German and Austrian right-wing
extremism

The article examines the effects of the South Tyrol conflict on Austrian and German right-wing extremism/right-wing terrorism. Based on the observation that the work of right-wing extremists in South Tyrol has so far been analyzed in research primarily within the conflict itself, the article asks about the repercussions on the Austrian and German right-wing extremist scene. The importance of the South Tyrol conflict for right-wing extremists north of the Brenner Pass is highlighted. Terrorism in South Tyrol was influential in many respects for later right-wing extremist/right-wing terrorist developments: firstly through transnational cooperation, secondly through the passing on of knowledge of violence, thirdly through the manifestation of hatred of foreigners as the motive for the crime, and fourthly through the embedding of right-wing extremist terrorism in conservative parts of society.
Keywords: right-wing extremism, right-wing terrorism, South Tyrol, transnationalism, Austria, Germany

Bernhard Weidinger
From A as in "Aula" to Z as in "Zines": far-right journalism in Austria from the
1950s to the present day

This article deals with the development of far-right journalism in Austria during the Second Republic. It addresses the relevant periodicals and actors, and explores transformations and continuities in terms of content, form and function. In the first section, the Austrian far-right media landscape up to the turn of the millennium is presented across four spectra: party media, media of German national associations and non-party mass organizations, (neo-)National Socialist media, and miscellaneous periodicals. The second part discusses, with a focus on the last two decades, how far-right media have been evolving over time, and links this evolution to societal transformations and changes undergone by the Austrian far right itself. Particular attention is paid to the manifold effects of digitization and the potentials it opens up. Furthermore, this second part addresses the various functions of far-right media for the political scene they represent, as well as the shifts in the topics they cover and in the enemy images they cultivate.
Keywords: Austria, right-wing extremism, media, digitization, Austrian Freedom Party (FPÖ), neo-Nazism

Constanze Jeitler

Authoritarian? Right-wing extremist? Populist? Research on the Austrian Far Right in the Social Sciences and History from the 1970s to the 1990s

In the mid-1980s, the far-right Freedom Party of Austria (FPÖ) experienced a meteoric rise at the ballot boxes thanks to the populist political style of its leader Jörg Haider. A vast number of publications by academics and journalists alike accompanied this success. The term 'populist' was soon adopted by the FPÖ to escape earlier accusations of extremism. This article examines when, how and why social scientists and historians engaged in their research with the far right, and it analyzes the different terms, concepts and methods they utilized. As such, it outlines the historic development of academic research and debates on authoritarianism, right-wing extremism and populism in Austria from the 1970s to the 1990s. Understanding social science data and studies as historical sources, this article ultimately argues that these can open new perspectives on our current understanding of the far right in the present day.
Keywords: right-wing extremism, far right, populism, history of the social sciences, contemporary history, Austria

Rezensionen

Andrea Hurton, Vom Pogrom in den Widerstand. Walter Felix Suess (1912–1943): Musiker – Arzt – Gestapo-Opfer, Innsbruck/Wien/Bozen: StudienVerlag 2020, 127 Seiten.

Mit einem schmalen Bändchen gelingt es der Wiener Historikerin Andrea Hurton, eine Persönlichkeit zu porträtieren, die als unpolitischer Kapellmeister und promovierter Arzt Anschluss an den kommunistischen Widerstand gegen das NS-Regime fand und 1943 nach einem Prozess vor dem Volksgerichtshof durch das Fallbeil hingerichtet wurde: Walter Felix Suess, der väterlicherseits jüdischer Abstammung war.

Nach seinem Musikstudium und während des anschließenden Medizinstudiums in Wien schloss sich Suess für die Jahre 1934 bis 1938 – wohl ohne besondere Leidenschaft für das austrofaschistische Regime – der Vaterländischen Front an. Die Folgen des „Anschlusses" Österreichs trafen ihn dann existenziell. Als „Mischling ersten Grades" im Sinne der Nürnberger Rassegesetze hoffte Suess zunächst, seine berufliche Zukunft durch die Übernahme der Ordination eines jüdischen Zahnarztes in Bad Gastein sichern zu können. Doch ungeachtet der Tatsache, dass die Salzburger Ärztekammer die Übernahme bewilligt hatte, machte ihm alsbald der Antisemitismus einen Strich durch die Rechnung: In der „Reichspogromnacht" wurde auch seine Praxis von SA-Schergen überfallen, ihre Einrichtung, die noch nicht abbezahlt war, fiel der Verwüstung anheim. Einen Monat vorher war Suess mit dem Ausschluss aus der Reichskulturkammer auch die Subsistenzsicherung durch sein musikalisches Talent verunmöglicht worden. Innerhalb weniger Monate standen Walter Felix und seine Ehefrau Gertrude, die gut eine Woche nach dem Einmarsch der deutschen Wehrmacht in Österreich geheiratet hatten, somit fast vor dem Nichts. Überleben konnte das Paar einstweilen nur, weil Walter Felix im zweiten Wiener Gemeindebezirk (Leopoldstadt) bei seiner Mutter, einer Zahntechnikerin, Gelegenheit zum Arbeiten fand, während Gertrude Schauspiel- und Gesangsunterricht nahm. Eine gut vorbereitete Emigration nach Argentinien scheiterte am Einspruch der Militärbehörden, denen „Halbjuden" bis zum Vorabend des Überfalls auf Dänemark und Norwegen im April 1940 grundsätzlich als wehrfähig galten.

Im Sommer 1939 kam Suess in Kontakt mit dem kommunistischen Widerstand. Dass ein bis dahin unpolitischer Mensch ohne Sozialisation in den Strukturen oder Vorfeldorganisationen der Kommunistischen Partei Österreichs zu deren Widerstand fand, stellt für die Autorin „eine seltene Ausnahme" (S. 24) dar. Sein Engagement und seine zunehmende Verankerung im kommunistischen Widerstand lassen sich nicht nur daran ablesen, dass Suess die KPÖ durch seinen Mitgliedsbeitrag und Lebensmittelspenden zugunsten von Angehörigen inhaftierter Genossen unterstützte. Er stellte auch die Leopoldstädter Wohnung seiner Mutter, mit der er und Gertrude in beengten Verhältnissen lebten, ohne deren Wissen als Sammelpunkt für Propagandamaterial sowie als Treffpunkt für kommunistische Funktionäre zur Verfügung. Überdies entwarf er Untergrund-blätter und stand im Kontakt zu jenen Kommunisten, die gegen die antitsche-chische Politik des NS-Regimes vorgingen („tschechische Sektion der KPÖ"). Schließlich gehörte er der KPÖ-Leitung von Leopoldstadt an. Sein Plan, eine illegale Ärzteorganisation zu gründen, scheiterte allerdings mangels Unterstüt-zung aus dem Kollegenkreis.

Von der Geheimen Staatspolizei wurden die Widerstandsaktivitäten der Gruppe um Walter Felix Suess nicht nur beobachtet, sondern partiell initiiert, stimuliert und geradezu produziert. Zu ihren Spitzeln, die den kommunistischen Widerstand infiltrierten, gehörten Franz Pachhammer und Eduard Pamperl, denen Suess wie andere – selbst führende – KPÖ-Funktionäre fatalerweise ver-traute. Auf der Grundlage des Verrats durch V-Leute der Gestapo wurde Suess im April 1941 zusammen mit weiteren Mitgliedern der Gruppe und ihrem Umfeld aus dem zweiten Bezirk verhaftet; auch seine Frau wurde inhaftiert. Während Gertrude nach einem Jahr Untersuchungshaft freikam, wurde Walter Felix zu-nächst im Polizeigefängnis Rossauer Lände gefangen gehalten und später ins Wiener Landesgericht überführt. Im Juli 1942 erfolgte gegen ihn und 13 Lei-densgenossen die Anklage vor dem Volksgerichtshof Wien unter Vorsitz von Dr. Kurt Albrecht; die Hauptverhandlung fand am 4. November desselben Jahres statt. Im Unterschied zu Mitangeklagten zeigte sich Suess „weitgehend gestän-dig" (S. 77). Die Zitate aus den Verhör- wie auch aus den Prozessprotokollen lassen gut seine Verteidigungsstrategie erkennen, seinen Weg in den Widerstand auf Seiten der Kommunisten als Folge der bitteren persönlichen Enttäuschungen darzustellen, die er nach dem „Anschluss" hatte hinnehmen müssen, während er sich zugleich bemühte, seine Ablehnung des Nationalsozialismus so gut wie möglich zu entschärfen. Vergeblich unternahm er den in der Widerstandsge-schichte „höchst seltenen" Versuch (S. 76), eine Gegenüberstellung mit Pach-hammer zu beantragen. Dessen Enttarnung vermochten Strafverfolgungsbe-hörden und Gericht jedoch zu vereiteln.

Erwartungsgemäß waren Prozess und Urteil jenseits jeglicher rechtsstaatlicher Standards. Zusammen mit den Wiener KPÖ-Funktionären Robert Kurz und Otto Kubak wurde Walter Felix Suess wegen „Vorbereitung zum Hochverrat" zum Tod sowie zum „Verlust der bürgerlichen Ehrenrechte" für die verbleibenden Wo-chen bis zur Hinrichtung verurteilt. Nachdem Gnadengesuche abgelehnt worden waren, wurden die drei genannten Widerstandskämpfer am 28. Jänner 1943 in einem Zeitraum von nur vier Minuten enthauptet.

Dies alles schildert Andrea Hurton in ihrer gut lesbaren und ansprechend bebilderten Monografie, die durch ausgewählte Dokumente sowie Fotografien zu Gedenk- und Erinnerungsorten von Suess' Vita sowie zu einigen seiner Mitstreiter abgerundet wird. Möglich wurde das Buch nicht zuletzt durch eine exzellente Quellenüberlieferung in Form eines Bestandes, den das ostdeutsche Ministerium für Staatssicherheit jahrzehntelang in Verwahrung hatte. Diesen Bestand, der heutzutage im Bundesarchiv Berlin-Lichterfelde einsehbar ist, sowie Volksgerichtsverfahren der Nachkriegszeit aus dem Wiener Stadt- und Landesarchiv und einige andere einschlägige archivalische und gedruckte Quellen hat die Verfasserin des Buches zusammen mit Hans Schafranek im Zusammenhang mit der Beforschung der V–Leute, die den kommunistischen Widerstand in Österreich unterwandert und zerstört haben, ausgewertet.[1]

Eine Skizze der Widerstandsgruppe um Walter Felix Suess und ihres Protagonisten hatte Andrea Hurton zusammen mit Hans Schafranek schon 2008 in einem Zeitungsartikel veröffentlicht, 2009 folgte ein Aufsatz im Jahrbuch des Dokumentationsarchivs des österreichischen Widerstandes.[2] Die vorliegende Monografie weitet die Analyse und Dokumentation unter dezidierter biografischer Fokussierung auf Suess aus. Dabei nimmt sie gelegentlich den kommunistischen Widerstand in Wien in den Blick, lässt aber keine Verbindungen zu anderen Angehörigen künstlerischer oder medizinischer Berufe in der NS-Zeit erkennen. Auch wenn einige Aussagen, die Suess während seiner Gefangenschaft getätigt hat, einer stärkeren Kontextualisierung und Kommentierung bedurft hätten, ist die vorliegende Studie ein wertvoller Beitrag zu Forschungen über Widerstand gegen den Nationalsozialismus in Wien.

Johannes Koll

Ina Markova, Die NS-Zeit im Bildgedächtnis der Zweiten Republik (Der Nationalsozialismus und seine Folgen 6), Innsbruck/Wien/Bozen: StudienVerlag 2018, 322 Seiten.

Ina Markova bearbeitet in ihrer Studie die große Frage, wie der Nationalsozialismus nach dessen kriegerischer Überwindung im Jahr 1945 in der Zweiten Republik bis in die 2000er-Jahre in der Öffentlichkeit dargestellt wurde. Sie konzentriert sich dabei auf die Untersuchung der Ausprägungen des österrei-

---

1 Siehe als Ergebnis dieser Forschungen besonders Hans Schafranek, Widerstand und Verrat. Gestapospitzel im antifaschistischen Untergrund 1938–1945, 2. Aufl. Wien 2020 (erstmals Wien 2017).

2 Andrea Hurton/Hans Schafranek, Das kurze Leben des Dr. Suess, in: Der Standard, Album vom 8. November 2008, online unter https://www.derstandard.at/story/1226067124915/; Hans Schafranek, Drei Gestapo-Spitzel und ein eifriger Kriminalbeamter. Die Infiltration und Zerschlagung des KJV Wien-Baumgarten (1940) und der KPÖ-Bezirksleitung Wien-Leopoldstadt (1940/41) durch V-Leute der Gestapo, in: Jahrbuch 2009, hg. v. Dokumentationsarchiv des österreichischen Widerstandes, Wien 2009, 250–277, hier 264–274, online unter https://www.doew.at/cms/download/e7ou5/schafranek_jb09.pdf (beide abgerufen 15. 2. 2023).

chischen Bildgedächtnisses, also der „Visualisierungen von Nationalsozialismus, Holocaust und Zweitem Weltkrieg" (S. 7) in verschiedenen Medien, wobei hinzuzufügen ist, dass sie insbesondere für die ersten 15 Nachkriegsjahre Fotografien von Folgen der NS-Herrschaft (Kriegsgefangenschaft, Nachkriegsprozesse, Staatsvertrag) hinzunahm. Ihre Recherche und Analyse von Fotografien erstreckt sich von den ersten Ausgaben der Tageszeitungen im Mai 1945 bis zur Neugestaltung der Dauerausstellungen in der Gedenkstätte Mauthausen im Jahr 2013. Eine derartige empirische Untersuchung, die sich nicht bloß auf einzelne markante, häufig verwendete Fotografien stützt, sondern eine breite Erfassung vornimmt, ist hinsichtlich der Recherche, der Analyse und der Verschriftlichung ein enormes Unterfangen, das die Autorin im Rahmen ihrer mehrfach mit Preisen ausgezeichneten Dissertation, auf der die Publikation beruht, beeindruckend bewältigt hat. Markova bildete einen repräsentativen Korpus von mehr als 5.800 Bildzitaten, die sie Schulbüchern, Tages- und Wochenzeitungen, Ausstellungen (Katalogen) und Bildbänden entnahm und mit Hilfe von Atlas.ti codierte.

In der Einleitung formuliert Markova drei große Fragen. Erstens: Lässt sich das in der Forschungsliteratur dominante Schema zur Erklärung der Ausbildung und Transformation des österreichischen Gedächtnisses zum Nationalsozialismus, also die Formulierung der Opferthese, ihre Ausdifferenzierung und konsensuale Verbreitung in den 1950er-Jahren, ihre Anfechtung seit der Waldheim-Affäre und die Transformation in eine „Opfer- und MittäterInnenthese" in den 1990er-Jahren, auf visueller Ebene bestätigen? Zweitens stellt Markova die Frage nach Differenzen der Visualisierungsstrategien bei unterschiedlichen geschichtspolitischen AkteurInnen. Drittens interessiert sie, wie transnationale Prozesse und supranationale bzw. globale politische und mediale Ereignisse auf den nationalen Bilderkanon eingewirkt haben.

Für die Darstellung wählte Markova eine chronologische Struktur, die nicht nach Zäsuren oder Einschnitten, also nach inhaltlichen Kriterien, sondern rein pragmatisch gegliedert ist. In sieben Kapiteln werden die ersten Nachkriegsjahre bis 1949 („Zwischen Nationalsozialismus und Kaltem Krieg"), die 1950er-Jahre („Staatsvertragstaumel und Kontrapunkte"), die 1960er-Jahre („Erweiterung des Bilderkanons"), die 1970er-Jahre („Präformierung des Holocaust-Bildrepertoires"), die 1980er-Jahre („Geschichtspolitische Erschütterungen"), die 1990er-Jahre („Visuelle Inszenierungen der Opfer- und MittäterInnenthese") und die 2000er-Jahre („Österreichs ‚Opferthese' revisited und contested") durchschritten. Jedes dieser Kapitel besticht durch eine klare Strukturierung. Zuerst zeichnet Markova unter Rückgriff auf die Literatur ein allgemeines Bild der Strukturen und Tendenzen der jeweils vorherrschenden Geschichtspolitik, um danach die von unterschiedlichen Akteuren in Tages- und Wochenzeitungen, Bildbänden, Ausstellungen und Schulbüchern präsentierten Fotos und Bildbeschriftungen zu diskutieren und die Fotos Bildtypen zuzuordnen. Im Schlusskapitel fasst sie ihre Erkenntnisse entlang von Zäsuren der Bildpolitik zusammen.

Die erste Zäsur sieht sie Ende 1946, als eine kurze von den Alliierten ausgehende aufklärerische Phase der visuellen Auseinandersetzung mit Verbrechen des NS-Regimes einschließlich des Holocaust abrupt abbrach. Mit dem Kalten Krieg setzte eine bis in die frühen 1960er-Jahre dauernde Phase ein, in der, wie Markova in Anlehnung an Oliver Marchart formuliert, die Strategie der Verdrängung der NS-Gewalt durch visuelle Ablenkung dominierte. Zentrale Schlüsselbilder zeigten Motive des Wiederaufbaus und der Unterzeichnung des Staatsvertrages, während Bilder von NS-Tätern und ihren Opfern nur mehr selten auftauchen – wenn, dann vor allem in Publikationen der KPÖ. Bebilderungen des Krieges fokussierten, so Markova, vornehmlich auf Leid und Not der Wehrmachtssoldaten und die Zerstörungen durch die alliierten Bombardements.

Eine zweite Zäsur erkennt Markova Anfang der 1960er-Jahre. Der 25. Jahrestages des „Anschlusses" habe eine neue Phase der visuellen Präsenz der NS-Vergangenheit eingeläutet. Diese Phase sei zunächst gekennzeichnet gewesen von einer Wiederentdeckung des Widerstandes, die eng mit einer bildlichen Darstellung des „Anschlusses" verknüpft war, die Österreich als Opfer der nationalsozialistischen Expansionspolitik darstellte. In diesem Kontext fanden erstmals Akte antisemitischer Gewalt, vor allem die Demütigung von Juden bei „Reibpartien", Eingang in die Bilderwelt, allerdings ohne die Beteiligung österreichischer TäterInnen oder die Spezifik der Gewalt gegen Juden eingehender zu thematisieren. Fotografien vom Zeichen „O5" der gleichnamigen, als „überparteilich" geframten Widerstandsgruppe am Stephansdom sowie von der Erhängung der Widerstandskämpfer der letzten Minute Karl Biedermann, Alfred Huth und Rudolf Raschke durch die SS erhielten ihren bis heute zentralen Platz im Bildgedächtnis der Zweiten Republik, während Fotografien von früheren und weit stärkeren militanten Widerstandsakteuren wie den Kärntner und steirischen PartisanInnen offenbar keine Verbreitung fanden. Die bildliche Koppelung von deutscher Besatzung und österreichischem Widerstand findet sich beispielsweise prominent in Erika Weinzierls Band „Österreich. Zeitgeschichte in Bildern". Institutionalisiert wurde sie in den Dauerausstellungen der Gedenkstätten Mauthausen und Auschwitz sowie im Dokumentationsarchiv des österreichischen Widerstandes als „Ort(en) des Martyriums aufrechter ÖsterreicherInnen" (S. 200) Ende der 1970er-Jahre, wobei sich letzteres als bedeutende „Bilddistributionsstelle" (S. 131) etablierte, nicht zuletzt für neue Schulbücher. Eher eine Begleiterscheinung gegen Ende dieser Phase war die erstmalige Verwendung von Fotografien von der Verfolgung der Kärntner SlowenInnen, der Sinti und Roma und von der NS-„Euthanasie". Demgegenüber erwies sich die (Wieder-)Bekanntmachung von (zum Teil) bisher nicht bekannten Fotografien zum Holocaust durch temporäre Ausstellungen einzelner Opferverbände, der

Arbeiterkammer und des Österreichischen Gewerkschaftsbundes in den frühen 1960er-Jahren als weniger nachhaltig. Erst durch die Ausstrahlung der US-Fernsehserie „Holocaust" und die mediale Berichterstattung darüber im Jahr 1979, allen voran durch die Wochenzeitschrift „profil", fanden sie größere Verbreitung.

Die Zäsur der Waldheim-Debatte klassifiziert Markova dann als „Kulminationspunkt von Tradierungskrisen und gesellschaftlichen Umbrüchen, die sich seit den 1960er-Jahren abgezeichnet hatten". (S. 202) Was sich Ende der 1980er-Jahre änderte, war nicht so sehr die Einführung bislang nicht gezeigter, sondern die Kontextualisierung bekannter Fotos. Sie dienten jenen Medien, die sich kritisch mit der bisherigen Darstellung der NS-Zeit beschäftigen, nun zur Inszenierung der Täterschaft von ÖsterreicherInnen und der weit verbreiteten Unterstützung des NS-Regimes sowie zur Kontrastierung – ÖsterreicherInnen erscheinen nun als Opfer, TäterInnen und UnterstützerInnen des NS-Regimes. Fotos von Wehrmachtssoldaten, allen voran Kurt Waldheim, dienten als Sujets für die Infragestellung bisheriger Deutungen der Wehrmachtssoldaten als Opfer der deutschen Kriegsführung (linke oder antifaschistische Variante der Opferthese). Zu ergänzen wäre, dass die neue Kontextualisierung von Fotos von Soldaten als in Verbrechen verstrickte Täter aber vor allem die seit den 1950er-Jahren gesellschaftlich wohl weit wirkmächtiger gewordene Selbstdeutung von Wehrmachtsveteranen als pflichtbewusste, ordentliche Männer (Aufopferungsthese der Veteranen) herausforderte. Markova spricht von einem neuen „Bekenntnisbilddiskurs" (S. 203), der sich in den 1990er-Jahren verbreitete, vor allem durch die Ausstellung „Vernichtungskrieg. Verbrechen der Wehrmacht 1941 bis 1944". Zugleich zeigt sie auf, dass in dieser Phase mit dem Veteranendiskurs verbundene Darstellungsmodi des Zweiten Weltkrieges weiter existierten und im Heeresgeschichtlichen Museum (HGM) noch 1998 institutionalisiert wurden – bekanntlich endete dieser Strang des Bildgedächtnisses der Veteranengeneration erst jüngst mit der Schließung der HGM-Ausstellung „Republik und Diktatur". In den 2000er-Jahren schlug sich die Anerkennung bislang marginalisierter Opfergruppen im Bildhaushalt von Medienberichten und Ausstellungen deutlich nieder, zugleich warf die starke Visualisierung von Opfern unmittelbar die Frage nach Tätern auf, die nun ebenfalls deutlich häufiger als bisher abgebildet wurden, etwa in den 2005 bzw. 2013 neu eröffneten Ausstellungen des DÖW und der Gedenkstätte Mauthausen.

Die eingangs gestellten Fragen beantwortet Markova in der Zusammenfassung knapp: Sie befindet, dass sich das in den 1990er-Jahren dominant gewordene gedächtnishistorische Erklärungsmodell rund um den Angelpunkt der Opferthese und ihrer Transformationen weitgehend in den Entwicklungen des Bildgedächtnisses widerspiegelt. Als größte Abweichung nennt sie, dass die aktive Hinterfragung der „Opferthese" durch die Verwendung des Bildtypus „Anschluss"-Jubel nicht erst in der Waldheim-Debatte, sondern vereinzelt bereits 1963 einsetzte und Ende der 1970er-Jahre schon verstärkt Verbreitung fand. Kritisch kann man dazu anmerken, dass die Autorin ihr reiches empirisches und gut aufbereitetes Material kaum dafür genutzt hat, dieses, wie sie selbst schreibt, „sehr schematisch skizzierte" Modell selbst zu hinterfragen. Dabei würden sich in ihrer Studie dafür genügend Anlasspunkte finden. So könnte man das Verschwinden der Opfer nationalsozialistischer Verfolgung aus der Bilderwelt bereits in den 1940er-Jahren und die lange Nicht-Visualisierung des „Anschlusses" als Beleg dafür interpretieren, dass die Opferthese gerade *nicht* jene nationsbildende Bedeutung erlangen konnte, die ihr gemeinhin zugeschrieben wird.

Die lange dominante visuelle Darstellung des „eigenen" Leidens, etwa von Soldaten, kann auch nicht automatisch als Bebilderung schuldloser Opferwerdung gelesen werden, denn wie Markova selbst zur Verwendung von Stalingrad-Motiven in den 1950er-Jahren schreibt, wurde dabei die „eindeutige Niederlage […] in einen moralischen Sieg umgemünzt" (S. 72). Hier wurde weniger Viktimisierung als vielmehr (männliches, im Kontext der Trümmerbilder auch weibliches) Märtyrertum als Sinnstiftung gesetzt (und regierungspolitisch auch gestützt und gefördert), was in starkem Kontrast zur Opferthese steht. Man könnte auch akzentuieren, dass Bilder von Soldaten im Krieg und von Heimkehrern schon früh jenen Wert ordnungsgemäßer „Anständigkeit" von gehorsamen, aufopferungsvollem Kämpfen und Leiden transportierten, den Waldheim später in seinem Wahlkampf erfolgreich stark machte. Die Gegenbilder wurden in den 1960er-Jahren von sektoralen Akteuren („erinnerungskulturellen Subgruppierungen"), was die Autorin sehr gut herausarbeitet, in die mediale Darstellung eingebracht, aber auch hier hinsichtlich des Widerstandes und des Leidens in Konzentrationslagern martyrologisch, kaum viktimologisch konnotiert. Man könnte daher für die Phase der späten 1940er- bis in die späten 1970er-Jahre ebenso eine Suspendierung der Opferthese sowohl in der diskursiven als auch der visuellen Entwicklung der Erinnerungskultur und eine Überformung (oder Verdrängung) durch sakrifizielle Bilderwelten konstatieren, die erst mit dem transnationalen Transfer und Eingang von eindrucksvollen Holocaust-Darstellungen endete und breit gefächerten sprachlich und bildlich gestützten Opfernarrativen und der daraus folgenden Suche nach Täterbildern Platz geboten hat. Auch wenn man das Erklärungsmodell rund um die Opferthese, das die Autorin als Messlatte für ihre empirische Untersuchung verwendet, nicht teilt oder für zu wenig differenziert hält, liest man ihre äußerst reichhaltige Studie mit sehr großem Gewinn. Zum Nachschlagen hilfreich wäre ein Index gewesen.

Peter Pirker

Oliver Kühschelm, Einkaufen als nationale Verpflichtung. Zur Genealogie nationaler Ökonomien in Österreich und der Schweiz, 1920–1980, Berlin/Boston: De Gruyter 2022, 636 Seiten.

In einem über 600 Seiten starken Buch – eine Überarbeitung seiner Habilitationsschrift aus dem Jahre 2017 – untersucht der Wiener WISO-Historiker Oliver Kühschelm Werbekampagnen, die zu nationalem Konsum („buy national") motivieren sollten. Es geht also nicht um den „Akt" des Konsumierens, sondern um dessen Steuerungsversuche („Einhegung", vgl. S. 12) und die darin involvierten Logiken, Akteure und Narrative. Grundsätzlich wird die Zwischenkriegszeit in Österreich und der Schweiz untersucht, wobei in einzelnen Teilen (für Österreich) auch die Zeit der 1950er- bis 1970er-Jahre (als „lange Nachkriegszeit", S. 1) einbezogen wird. Kühschelm verwendet vor allem schriftliche Quellen (und bezieht sich dabei teilweise auf Foucault), aber auch visuelle Werbemedien.

Im ersten der drei Hauptteile wird das funktionale Setting der Buy-National-Kampagnen und deren Akteure analysiert, wobei hier auf die 1920er- und 1930er-Jahre fokussiert wird. Für Österreich konstatiert Kühschelm einen Peak der Kampagnen in den frühen 1930er-Jahren: Die nationalen Kaufaufrufe sieht er einerseits mit einem allgemeinen Ansteigen der Werbetätigkeit, andererseits mit radikalisiertem Nationalismus und mit der tiefen Wirtschaftskrise verbunden, die über ein Ankurbeln des inländischen Konsums überwunden werden sollte. Daran anknüpfend fragt der zweite Teil nach den Diskursen und Inszenierungen der Buy-National-Werbung, wobei verschiedene Quellenbestände (Texte, ein Werbefilm, Bildquellen) herangezogen werden. Ein umfangreicherer Abschnitt beschäftigt sich mit der Bezugnahme österreichischer Akteure der Zwischenkriegszeit auf österreichische Merkantilisten („Kameralisten") des 17. Jahrhunderts. Kühschelm sieht dabei den Kameralismus als Vorläufer und „Vorgeschichte einer Nationalisierung von Ökonomie und Konsum" (S. 283) und konstatiert im Falle Österreichs erhebliche Kontinuitäten. Weitere Kapitel zeichnen die Diskussionen um die Sinnhaftigkeit des Massenkonsums für die Schweiz der 1930er-Jahre (im Kontext des Keynesianismus) sowie für Österreich der 1950er- und 1960er-Jahre nach. Der dritte Teil untersucht Werbemedien und deren AdressatInnen anhand verschiedener Quellen, die von Texten (Zeitschriften, Vorträge, Schulaufsätze) bis hin zu Plakaten und Karikaturen reichen und in zeitlicher Hinsicht teilweise bis zum Beginn der 1980er-Jahre entstanden sind. Erst abschließend – im Rahmen der Zusammenfassung („Epilog") – stellt Kühschelm eine nicht unwichtige Frage: Wie effektiv waren die Buy-National-Kampagnen? Deren Erfolg bleibt unklar, Veränderungen habe es eher „in Teilbereichen des Konsumierens" gegeben (vgl. S. 553 ff.).

Mit der Buy-National-Werbung hat Kühschelm ein interessantes und bislang wenig beachtetes Thema hochauflösend und überaus reflektiert in den Blick genommen, dabei einen vielfältigen Quellenbestand bearbeitet und nicht auf die Akteure (Werbende wie Beworbene) vergessen. Eine weitere Stärke ist der vergleichende Blick, der mit Österreich und der Schweiz kleinere Länder gewählt hat, die als Forschungslücke gelten können. Gleichzeitig findet eine gute internationale Einbettung der Case Studies statt, wiederholt liefert Großbritannien Vergleichsperspektiven. Trotz des grundlegend qualitativen Settings bezieht Kühschelm auch quantitative Befunde ein, die vom Autor gut kontextualisiert werden. Das uneinheitliche zeitliche Setting – der Fokus auf die 1920er- und 1930er-Jahre, das Auslassen der NS-Zeit und die Betrachtung der 1950er- bis 1970er-Jahre (für einige Österreich betreffende Teile) – ist zwar eher ungewöhnlich, aber begründet und plausibel. Weniger überzeugend erscheint die Wahl des (eigentlich politischen) Begriffs Propaganda, den Kühschelm zwar kurz definiert (in einer Fußnote auf S. 1), ihn aber als deutlich von der (restlichen?) Werbung abgegrenzt sieht. Zumindest zeitgenössisch waren die Grenzen offenbar fließender, wie es auch einige Textpassagen im Buch nahelegen (z. B. S. 48 f.).

Kühschelm hat einen gut geschriebenen und redigierten Text vorgelegt, aber stellenweise neigt der Autor zu unnötig verklausulierter Sprache (z. B. „interdiskursive Umformatierung", „mediale Konfigurationen"), auch ist das Erzählen manchmal sehr detailverliebt und zu quellennah, das Nachdenken wortreich und das Zitieren umfangreich (vgl. z. B. S. 70–82). Zudem finden sich immer wieder Einschübe, die nur begrenzt zum eigentlichen Thema passen oder über den gewählten Zeitrahmen hinausgehen (z. B. Entwicklung des genossenschaftlichen Einzelhandelsverbandes „Konsum", Austrokeynesianismus). Dies trägt zu einem Umfang bei, der manche Lesenden auf die Probe stellt und der dazu führt, dass die Argumentation schwerer greifbar wird und interessante Parts untergehen. Die Rezeption von Kühschelms Buch behindern könnte neben dem Umfang vielleicht auch die etwas zu enge Fokussierung auf die Buy-National-Thematik, besonders, da bislang eine längerfristige (vergleichende) Werbegeschichte Österreichs und der Schweiz, die über die wirtschaftlichen und politischen Krisen der ersten Hälfte des 20. Jahrhunderts hinweg bis in die Zeit des Nachkriegsbooms blicken würde, fehlt.

Georg Stöger

Autor/innen

Dr. Johannes Dafinger, M.A.
Universitätsassistent (Postdoc) für Zeitgeschichte am Fachbereich Geschichte der Paris-Lodron-Universität Salzburg, johannes.dafinger@plus.ac.at

Mag.ᵃ Constanze Jeitler, MA
Doktorandin am Seminar für Zeitgeschichte an der Universität Tübingen und Mitarbeiterin beim ERC-Projekt „PACT: Populism and Conspiracy Theory", constanze.jeitler@uni-tuebingen.de

Privatdozent Dr. Johannes Koll
Senior Scientist am Institut für Wirtschafts- und Sozialgeschichte, Leiter des Universitätsarchivs der Wirtschaftsuniversität Wien, Johannes.Koll@wu.ac.at

Darius Muschiol, MA
assoziierter Doktorand am Zentrum für Zeithistorische Forschung (ZZF) Potsdam, darius.muschiol@zzf-potsdam.de

Priv.-Doz. Mag. Dr. Peter Pirker
Institut für Zeitgeschichte, Universität Innsbruck, Peter.Pirker@uibk.ac.at

Univ.-Prof.ⁱⁿ Mag.ᵃ Dr.ⁱⁿ Margit Reiter
Professorin für europäische Zeitgeschichte an der Universität Salzburg, margit.reiter@plus.ac.at

Assoz. Prof. Mag. Dr. Georg Stöger
Fachbereich Geschichte, Abteilung Wirtschafts-, Sozial- und Umweltgeschichte, Paris Lodron Universität Salzburg, Georg.Stoeger@plus.ac.at

MMag. Dr. Bernhard Weidinger
Wissenschaftlicher Mitarbeiter im Arbeitsbereich Rechtsextremismus im Dokumentationsarchiv des österreichischen Widerstandes (DÖW), bernhard.
weidinger@doew.at

Zitierregeln

Bei der Einreichung von Manuskripten, über deren Veröffentlichung im Laufe eines doppelt anonymisierten Peer Review Verfahrens entschieden wird, sind unbedingt die Zitierregeln einzuhalten. Unverbindliche Zusendungen von Manuskripten als word-Datei an: agnes.meisinger@univie.ac.at

I.   Allgemeines

Abgabe: elektronisch in Microsoft Word DOC oder DOCX.

Textlänge: 60.000 Zeichen (inklusive Leerzeichen und Fußnoten), Times New Roman, 12 Punkt, $1\frac{1}{2}$-zeilig. Zeichenzahl für Rezensionen 6.000–8.200 Zeichen (inklusive Leerzeichen).

Rechtschreibung: Grundsätzlich gilt die Verwendung der neuen Rechtschreibung mit Ausnahme von Zitaten.

II.   Format und Gliederung

Kapitelüberschriften und – falls gewünscht – Unterkapiteltitel deutlich hervorheben mittels Nummerierung. Kapitel mit römischen Ziffern [I. Literatur], Unterkapitel mit arabischen Ziffern [1.1 Dissertationen] nummerieren, maximal bis in die dritte Ebene untergliedern [1.1.1 Philologische Dissertationen]. Keine Interpunktion am Ende der Gliederungstitel.

Keine Silbentrennung, linksbündig, Flattersatz, keine Leerzeilen zwischen Absätzen, keine Einrückungen; direkte Zitate, die länger als vier Zeilen sind, in einem eigenen Absatz (ohne Einrückung, mit Gänsefüßchen am Beginn und Ende).

Zahlen von null bis zwölf ausschreiben, ab 13 in Ziffern. Tausender mit Interpunktion: 1.000. Wenn runde Zahlen wie zwanzig, hundert oder dreitausend nicht in unmittelbarer Nähe zu anderen Zahlenangaben in einer Textpassage aufscheinen, können diese ausgeschrieben werden.

Daten ausschreiben: „1930er" oder „1960er-Jahre" statt „30er" oder „60er Jahre".

Datumsangaben: In den Fußnoten: 4.3.2011 [keine Leerzeichen nach den Punkten, auch nicht 04.03.2011 oder 4. März 2011]; im Text das Monat ausschreiben [4. März 2011].

Personennamen im Fließtext bei der Erstnennung immer mit Vor- und Nachnamen.

Namen von Organisationen im Fließtext: Wenn eindeutig erkennbar ist, dass eine Organisation, Vereinigung o. Ä. vorliegt, können die Anführungszeichen weggelassen werden: „Die Gründung des Oesterreichischen Alpenvereins erfolgte 1862." „Als Mitglied im

Womens Alpine Club war ihr die Teilnahme gestattet." **Namen von Zeitungen/Zeitschriften** etc. siehe unter „Anführungszeichen".

Anführungszeichen im Fall von Zitaten, Hervorhebungen und bei Erwähnung von Zeitungen/Zeitschriften, Werken und Veranstaltungstiteln im Fließtext immer doppelt: „"

Einfache Anführungszeichen nur im Fall eines Zitats im Zitat: „Er sagte zu mir: ‚....'"

Klammern: Gebrauchen Sie bitte generell runde Klammern, außer in Zitaten für Auslassungen: [...] und Anmerkungen: [Anm. d. A.].

Formulieren Sie **bitte geschlechtsneutral bzw. geschlechtergerecht.** Verwenden Sie im ersteren Fall bei Substantiven das Binnen-I („ZeitzeugInnen"), nicht jedoch in Komposita („Bürgerversammlung" statt „BürgerInnenversammlung").

Darstellungen und Fotos als eigene Datei im jpg-Format (mind. 300 dpi) einsenden. Bilder werden schwarz-weiß abgedruckt; die Rechte an den abgedruckten Bildern sind vom Autor/von der Autorin einzuholen. Bildunterschriften bitte kenntlich machen: Abb.: Spanische Reiter auf der Ringstraße (Quelle: Bildarchiv, ÖNB).

Abkürzungen: Bitte Leerzeichen einfügen: vor % oder €/zum Beispiel z. B./unter anderem u. a.

Im Text sind möglichst wenige allgemeine Abkürzungen zu verwenden.

III.   Zitation

Generell keine Zitation im Fließtext, auch keine Kurzverweise. Fußnoten immer mit einem Punkt abschließen.

Die nachfolgenden Hinweise beziehen sich auf das Erstzitat von Publikationen.
Bei weiteren Erwähnungen sind Kurzzitate zu verwenden.
- Wird hintereinander aus demselben Werk zitiert, bitte den Verweis **Ebd./ebd.** bzw. mit anderer Seitenangabe **Ebd., 12./ebd., 12.** gebrauchen (kein Ders./Dies.), analog: Vgl. ebd.; vgl. ebd., 12.
- Zwei Belege in einer Fußnote mit einem **Strichpunkt;** trennen: Gehmacher, Jugend, 311; Dreidemy, Kanzlerschaft, 29.
- Bei Übernahme von direkten Zitaten aus der Fachliteratur **Zit. n./zit. n.** verwenden.
- Indirekte Zitate werden durch **Vgl./vgl.** gekennzeichnet.

Monografien: Vorname und Nachname, Titel, Ort und Jahr, Seitenangabe [ohne „S."].

Beispiel Erstzitat: Johanna Gehmacher, Jugend ohne Zukunft. Hitler-Jugend und Bund Deutscher Mädel in Österreich vor 1938, Wien 1994, 311.

Beispiel Kurzzitat: Gehmacher, Jugend, 311.
Bei mehreren AutorInnen/HerausgeberInnen: Dachs/Gerlich/Müller (Hg.), Politiker, 14.

Reihentitel: Claudia Hoerschelmann, Exilland Schweiz. Lebensbedingungen und Schicksale österreichischer Flüchtlinge 1938 bis 1945 (Veröffentlichungen des Ludwig-

Boltzmann-Institutes für Geschichte und Gesellschaft 27), Innsbruck/Wien [bei mehreren Ortsangaben Schrägstrich ohne Leerzeichen] 1997, 45.

Dissertation: Thomas Angerer, Frankreich und die Österreichfrage. Historische Grundlagen und Leitlinien 1945–1955, phil. Diss., Universität Wien 1996, 18–21 [keine ff. und f. für Seitenangaben, von–bis mit Gedankenstich ohne Leerzeichen].

Diplomarbeit: Lucile Dreidemy, Die Kanzlerschaft Engelbert Dollfuß' 1932–1934, Dipl. Arb., Université de Strasbourg 2007, 29.

Ohne AutorIn, nur HerausgeberIn: Beiträge zur Geschichte und Vorgeschichte der Julirevolte, hg. im Selbstverlag des Bundeskommissariates für Heimatdienst, Wien 1934, 13.

Unveröffentlichtes Manuskript: Günter Bischof, Lost Momentum. The Militarization of the Cold War and the Demise of Austrian Treaty Negotiations, 1950–1952 (unveröffentlichtes Manuskript), 54–55. Kopie im Besitz des Verfassers.

Quellenbände: Foreign Relations of the United States, 1941, vol. II, hg. v. United States Department of States, Washington 1958.
[nach Erstzitation mit der gängigen Abkürzung: FRUS fortfahren].

Sammelwerke: Herbert Dachs/Peter Gerlich/Wolfgang C. Müller (Hg.), Die Politiker. Karrieren und Wirken bedeutender Repräsentanten der Zweiten Republik, Wien 1995.

Beitrag in Sammelwerken: Michael Gehler, Die österreichische Außenpolitik unter der Alleinregierung Josef Klaus 1966–1970, in: Robert Kriechbaumer/Franz Schausberger/ Hubert Weinberger (Hg.), Die Transformation der österreichischen Gesellschaft und die Alleinregierung Klaus (Veröffentlichung der Dr.-Wilfried Haslauer-Bibliothek, Forschungsinstitut für politisch-historische Studien 1), Salzburg 1995, 251–271, 255–257.
[bei Beiträgen grundsätzlich immer die Gesamtseitenangabe zuerst, dann die spezifisch zitierten Seiten].

Beiträge in Zeitschriften: Florian Weiß, Die schwierige Balance. Österreich und die Anfänge der westeuropäischen Integration 1947–1957, in: Vierteljahrshefte für Zeitgeschichte 42 (1994) 1, 71–94.
[Zeitschrift Jahrgang/Bandangabe ohne Beistrichtrennung und die Angabe der Heftnummer oder der Folge hinter die Klammer ohne Komma].

Presseartikel: Titel des Artikels, Zeitung, Datum, Seite.
Der Ständestaat in Diskussion, Wiener Zeitung, 5. 9. 1946, 2.

Archivalien: Bericht der Österr. Delegation bei der Hohen Behörde der EGKS, Zl. 2/pol/57, Fritz Kolb an Leopold Figl, 19. 2. 1957. Österreichisches Staatsarchiv (ÖStA), Archiv der Republik (AdR), Bundeskanzleramt (BKA)/AA, II-pol, International 2 c, Zl. 217.301-pol/ 57 (GZl. 215.155-pol/57); Major General Coleman an Kirkpatrick, 27. 6. 1953. The National Archives (TNA), Public Record Office (PRO), Foreign Office (FO) 371/103845, CS 1016/205 [prinzipiell zuerst das Dokument mit möglichst genauer Bezeichnung, dann das Archiv, mit Unterarchiven, -verzeichnissen und Beständen; bei weiterer Nennung der Archive bzw. Unterarchive können die Abkürzungen verwendet werden].

Internetquellen: Autor so vorhanden, Titel des Beitrags, Institution, URL: (abgerufen Datum). Bitte mit rechter Maustaste den Hyperlink entfernen, so dass der Link nicht mehr blau unterstrichen ist.
Yehuda Bauer, How vast was the crime, Yad Vashem, URL: http://www1.yadvashem.org/yv/en/holocaust/about/index.asp (abgerufen 28.2.2011).

Film: Vorname und Nachname des Regisseurs, Vollständiger Titel, Format [z.B. 8 mm, VHS, DVD], Spieldauer [Film ohne Extras in Minuten], Produktionsort/-land Jahr, Zeit [Minutenangabe der zitierten Passage].
Luis Buñuel, Belle de jour, DVD, 96 min., Barcelona 2001, 26:00–26:10 min.

Interview: InterviewpartnerIn, IntervierwerIn, Datum des Interviews, Provenienz der Aufzeichnung.
Interview mit Paul Broda, geführt von Maria Wirth, 26.10.2014, Aufnahme bei der Autorin.

Die englischsprachigen Zitierregeln sind online verfügbar unter: https://www.verein-zeitgeschichte.univie.ac.at/fileadmin/user_upload/p_verein_zeitgeschichte/zg_Zitierregeln_engl_2018.pdf

Es können nur jene eingesandten Aufsätze Berücksichtigung finden, die sich an die Zitierregeln halten!